Die Psychoanalyse hat seit ihren Anfängen einen langen Weg der Selbstreflexion und schrittweisen Ausarbeitung ihrer Prämissen zurückgelegt. Damit gehört sie auch heute noch zur Avantgarde der Humanwissenschaften. Den Prozeß der Selbstreflexion zu fördern und an ihm die Theorie auszurichten ist das Programm einer dialektischen Psychoanalyse und Thema dieses Buches.

Den Heuristiken und Modellen der Freudschen Psychoanalyse ist eine dynamische und dialektische Sicht von Wirklichkeit gemeinsam. Struktur geht aus Prozessen hervor – Primat des Werdens vor dem Sein. Prozesse entwickeln sich aus der Dynamik ihrer immanenten Gegensätze, Antagonismen und Widersprüche – Primat der Differenz vor der Identität. Theorie und Praxis, Methode und Gegenstand der Psychoanalyse bedingen einander. Die Methode erschließt den Gegenstand und wird ihrerseits durch gegenständliche Erkenntnis reflektiert und verfeinert.

Der Autor stellt in vier Themenbereichen – mit engem Bezug auf die zuvor entwickelten Prinzipien einer wissenschaftlichen Dialektik – die Perspektiven einer explizit dialektischen Psychoanalyse dar:
• Psychoanalyse als dialektische Kognitionswissenschaft
• unterwegs zu methodischer Autonomie
• Intersubjektivität und Psychotraumatologie
• Praxeologie und therapeutische Transformation

Fallbeispiele machen die Ausführungen anschaulich und verdeutlichen die enge Verknüpfung von psychoanalytischer Theorie und Praxis.

Professor Dr. Gottfried Fischer, geb. 1944, ist Psychoanalytiker und Direktor der Abteilung Klinische Psychologie und Psychotherapie an der Universität Köln.

Gottfried Fischer

Konflikt, Paradox und Widerspruch

Für eine dialektische
Psychoanalyse

Fischer
Taschenbuch
Verlag

Geist und Psyche
Herausgegeben von Willi Köhler
Begründet von Nina Kindler 1964

Originalausgabe
Veröffentlicht im Fischer Taschenbuch Verlag GmbH,
Frankfurt am Main, August 1998

Gesamtherstellung: Clausen & Bosse, Leck
ISBN 3-596-13854-X

Für Aloys Leber,
Pionier der Verbindung von
Psychoanalyse und Kognitionswissenschaft

Inhalt

Einleitung

Für viele an der Psychoanalyse interessierte Leserinnen und Leser stellt sich heute die Frage nach dem aktuellen Entwicklungsstand dieser Disziplin. Eine Antwort darauf ist nicht leicht zu erhalten, weder von Vertretern der Psychoanalyse noch von ihren Kritikern oder »neutralen« Instanzen.

Vertreter der Psychoanalyse verstehen sich oft als Anhänger einer bestimmten Schule, Richtung oder »Strömung«. Sie vertreten deren Theoreme in manchmal polemischer Abgrenzung zu vorhandenen Alternativen. Um sich eine Meinung bilden zu können, müssen die Leserinnen und Leser schon relativ bewanderte »Insider« sein. Sonst fehlt ihnen in der Regel die Voraussetzung, sich an der spannenden internen Diskussion zu beteiligen und sich eine eigene Meinung zu bilden. Manche ziehen es daher vor, sich in der eingetretenen Verwirrung unmittelbar auf Freud zu berufen und seine Autorität gewissermaßen in der Funktion einer richterlichen Instanz gegen die Vielfalt teils komplementärer, teils divergierender moderner psychoanalytischer Modellvorstellungen ins Feld zu führen.

Kritiker haben die Psychoanalyse immer wieder, oft schon seit ihren Anfängen, für tot erklärt, für historisch überholt, unwissenschaftlich oder auch für staatsfeindlich usf. Es gibt keinerlei Berechtigung, Kritik an der Psychoanalyse von vornherein und pauschal als »Widerstand« gegen die Einsicht in das unbewußte Seelenleben abzutun. Wirklich erwägenswert ist aber letztlich hier wie auch sonst nur eine von Sachkenntnis getragene Kritik. Und diese wird selbst für wohlmeinende Kritiker durch die Vielfalt aktueller psychoanalytischer Modelle und Strömungen außerordentlich erschwert.

In dieser Situation stellt sich die grundsätzliche Frage, welche Möglichkeiten der kritischen Überprüfung und zeitgemäßen Weiterentwicklung der Psychoanalyse heute bestehen.

Da ist einmal die Überprüfung durch empirische Forschungsmethoden zu nennen: durch Experiment, naturalistische Feldstudien und systematische Fallstudien, die ihrerseits auf der klinischen Empirie aufbauen. Auf diesen drei »Säulen« empirischer Forschung beruht die Geltung wissenschaftlicher Annahmen in der Psychotherapie ganz allgemein (vgl. Fäh-Barwinski & Fischer, 1998, 1997). Neben der empirischen Prüfung kommt jedoch in den Humanwissenschaften ein zweites, theorieimmanentes Kriterium in Betracht: das Reflexionsniveau einer Theorie oder ihre Fähigkeit, die Position des Theoretikers selbstreflexiv in ihrer gegenstandsbezogenen Aussage zu berücksichtigen. Solange beides auseinanderfällt, ergibt sich ein innerer Widerspruch in der Theorie: sie stellt inhaltliche Behauptungen auf, die mit der Theorie als Form dieser Aussage nicht vereinbar sind. Dieser Widerspruch zwischen dem Gegenstand der theoretischen Aussage und dem Subjekt des Aussagens, dem theoriebildenden Subjekt, ist der innere Motor für Klärung und Weiterentwicklung wissenschaftlicher Konzepte in den Humanwissenschaften. Er ist zentral auch das Thema einer dialektischen Kognitionstheorie. Die Psychoanalyse hat seit ihren Anfängen einen schwierigen Weg der Selbstreflexion und schrittweisen Ausarbeitung ihrer Prämissen zurückgelegt. Ihn gilt es zu begreifen und explizit in das Theoriegebäude einzuschreiben. Durch diese Leistung gehört die moderne Psychoanalyse auch heute noch zur Avantgarde der Humanwissenschaften. Den Weg der Selbstreflexion zu begleiten, zu fördern und an ihm die Theorie auszurichten ist das Programm einer dialektischen Psychoanalyse und damit das Thema dieses Buches.

Der andere, ebenso wichtige Weg zur Prüfung und Fortentwicklung der Psychoanalyse kann in dieser Arbeit nur gestreift werden. Er besteht in der empirischen Überprüfung psychoanalytischer Hypothesen. Normalerweise verlaufen beide Wege parallel: differenzierte und in sich reflektierte Theorien bewähren sich empirisch besser als ihre weniger entwickelten, egozentrischen und primitiven Vorläufer. Hier besteht allerdings eine Schwierigkeit: die Angemessenheit der empirischen Prüfmethode selbst für die Theorie. Ebenso wie einen Egozentrismus der Theorie gibt es einen solchen der empirischen Methode. Wird eine entwickelte Theorie mit primitiven Methoden geprüft, so fallen gerade ihre differenzierten, reflexiven Annahmen aus der »Operationalisierung« heraus. Die Prüfmethode kann aus der Selbstreflexion der Theorie nicht ausgespart bleiben. Einer dialektischen Psychoanalyse angemessen erscheint eine autonome Methode (vgl. Abschnitt 1 sowie 2.1), die sich im Dialog mit dem Gegenstand systematisch und intersubjektiv nachvollziehbar entwickelt, statt ihr Objekt einem a priori festgelegten Methodenkanon zu unterwerfen. Soweit diese Abstimmung zwischen Gegenstand und Methode gelingt, dürfen wir für die Zukunft eine empirisch wohlbegründete dialektische Psychoanalyse erwarten.

1 Plädoyer für eine dialektische Psychoanalyse – programmatische Überlegungen und Kommentar zum Aufbau des Buches

Psychoanalyse ist aus der klinischen Praxis entstanden als eine Methode des geduldigen Zuhörens und des (wenn alles gut geht) allmählichen Verstehens von Phänomenen, die dem Analysanden oder der Analysandin[1] selbst unverständlich sind. Sie ist keine Weltanschauung, keine Philosophie und primär auch keine wissenschaftliche Theorie, sondern in ihrem Kern der Versuch, heuristische Regeln zu formulieren, die es erlauben, genauer zuzuhören und besser zu verstehen. Solche Regeln des Verstehens verdichten sich in den »metapsychologischen« Gesichtspunkten, die überwiegend schon Freud formuliert hat: dem dynamischen, strukturellen, topischen, genetischen und adaptiven Gesichtspunkt. Dynamisch verstehen wir seelische Phänomene als in sich konflikthaft, aus gegenläufigen Tendenzen zusammenwirkend und in einem labilen Gleichgewicht befindlich. Im strukturellen Modell fragen wir danach, inwieweit sich bestimmte psychische Phänomene aus einem Persönlichkeitsmodell mit mehreren konfligierenden »Kraftzentren« (z. B. Ich, Es und Über-Ich) verstehen lassen. Im Rahmen der topischen Heuristik (der Lehre von den seelischen »Orten« oder Regionen wie bewußt, vorbewußt, unbewußt) testen wir die Grenzen des bewußten Selbstverständnisses und erschließen hypothetisch unbewußte Intentionalität und Handlungsweisen. Genetisch fügen wir Äußerungen des Seelenlebens in die lebensgeschichtliche Entwicklung und besondere »Entwicklungslinien« (Anna Freud) ein. Und der adaptive Gesichtspunkt hält dazu an, seelische Phäno-

---

1 Der Verfasser übernimmt in diesem Kapitel Lacans terminologischen Vorschlag, der die analytische Eigenleistung des Klienten hervorhebt.

mene – einschließlich der sogenannten »pathologischen« – als gelingenden oder scheiternden Versuch der Bewältigung sozialer und/oder physischer Umweltkonstellationen zu betrachten. Diese fünf Heuristiken bilden zusammen den Kern der praxisnahen psychoanalytischen Theorie und können das Zuhören und Verstehen erleichtern.

Das Verhältnis von Theorie und Praxis ist nicht als »Anwendung« einer fertigen Theorie auf die Praxis und den »Fall« der einzelnen Analysanden zu sehen. Vielmehr haben in einer dialektisch verstandenen Psychoanalyse die metapsychologischen Modelle eine heuristische Funktion (von gr. heurisko = ich suche) für die psychoanalytische Praxis. Sie dienen als »Faustregel«, um Suchprozesse anzuleiten, die wiederum Zuhören und Verstehen erleichtern können. So wird in einer nichtdogmatisch geführten psychoanalytischen Behandlung ein dialektischer Lernprozeß möglich: die Suchregeln modifizieren und verfeinern sich, indem sie als Regeln des Suchens (und nicht des Findens) gehandhabt werden. Kommt bei dieser Suche ein kollektiver Lernprozeß innerhalb der *psychoanalytic community* zustande, so bilden sich erweiterte oder neue Heuristiken heraus und damit zugleich historisch neue Formen von Zuhören und Verstehen.

Den Heuristiken und Modellen der Freudschen Psychoanalyse ist eine dynamische und dialektische Sicht von Wirklichkeit gemeinsam. Struktur geht aus Prozessen hervor – ein Primat des Werdens vor dem Sein. Prozesse entwickeln sich aus der Dynamik ihrer immanenten Gegensätze, Antagonismen und Widersprüche – Primat und Würdigung von Differenz und Gegensatz vor der Identität. Gegenstand und Methode der Psychoanalyse bedingen einander. Die Methode erschließt den Gegenstand und reflektiert und verfeinert sich durch gegenständliche Erkenntnis.

Im Zentrum der psychoanalytischen Praxis steht damit die Arbeit an Konflikten, Paradoxien und Widersprüchen, die das Seelenleben des Analysanden zerreißen und ihn daran hindern, sein Leben produktiv zu gestalten, »liebes- und arbeitsfähig« zu sein. In einem pathogenen Konflikt werden Pole einer Beziehungsdimension aufgespalten, die »an sich« zusammengehören im Sinne eines bipolaren Kontinuums. Menschliche Nähe vs. Distanz etwa bilden ein polares Gegensatzpaar, das in pathogener (von gr. patho-gene-sis = Leid erzeugender) Weise aufgespalten sein kann. Die Persönlichkeit unterhält dann entweder ganz enge oder völlig distanzierte Beziehungen. Sie ist jedoch außerstande, die Beziehungsdimension Nähe – Distanz als solche zu regeln im Sinne einer kontinuierlich flexiblen und situationsgerechten Einstellung. Wer von dieser Spaltung oder diesem Antagonismus betroffen ist, schwankt zwischen den Extremen hin und her, wobei die Extreme einander »berühren«, d. h. abrupt in ihr Gegenteil umschlagen können. Auf übergroße Nähe folgt völlige Distanz, oft in plötzlichem Wechsel dieser persönlichkeitstypischen Erlebniszustände. Ähnlich übergangslos gespalten finden sich in der klinischen Praxis die Pole von Liebe und Haß, Wertschätzung versus Abwertung oder der von Freud analysierte paradoxe gegenseitige Ausschluß von Sexualität und Liebe, um einige Beispiele zu nennen. Wie auch immer man das Therapieziel der Psychoanalyse bestimmen mag, so dürfte sie nur dann erfolgreich sein, wenn es gelingt, die persönlichkeitstypische Aufspaltung zentraler Polaritäten zu überwinden und eine wirksame »Vermittlung« oder Synthese zwischen gegensätzlichen Handlungstendenzen oder seelischen Kräften zu erreichen. Die dialektische Vermittlung oder »Aufhebung«, diese Transformation des ursprünglichen Konflikts entspricht Freuds Definition des Behandlungsziels als einer »Ich-Erweiterung« oder »Ich-Veränderung« (vgl. Abschnitt 2.1). Gelingt die Vermittlung der Gegensätze, so kommt eine »strukturelle« Veränderung der Persönlichkeit im Sinne der Metapsychologie zustande. Eine dialektische Psychoanalyse versteht Strukturveränderung in diesem Zusammenhang als Aufhebung der ursprünglichen Spaltung oder des Konfliktes.

»Aufhebung« ist ein zentraler Begriff der dialektischen Tradition und besitzt die dreifache Bedeutung von a) eliminare = beseitigen, b) conservare = bewahren und c) elevare = auf eine höhere Stufe heben. Ein dialektisches Verständnis von Strukturveränderung in der Psychoanalyse muß alle drei Bedeutungen berücksichtigen. Der Konflikt wird demnach a) beseitigt oder eliminiert, indem er b) »aufbewahrt« wird. Dieser zunächst paradox erscheinende Vorgang ist aber nur möglich, wenn zugleich die dritte Bedeutung von »Aufheben« realisiert wird: c) das »elevare« im Sinne des Übergangs zu einer »höheren« begrifflichen Stufe, einem neuen »logischen Typus« (im Sinne der Theorie der logischen Typen von Whitehead und Russel, 1940). Von dieser »Metastufe« aus kann als zusammengehörige, polare Kontinuität gesehen und gehandhabt werden, was zuvor unvereinbar schien. Jetzt wird es möglich, Nähe und Distanz beispielsweise so flexibel zu »regeln«, wie es dem eigenen Bedürfnis, dem des Partners bzw. der sozialen Situation entspricht. Eine Konfliktanfälligkeit in der ursprünglich antagonistischen Beziehungsdimension besteht jedoch fort – das »konservative« Moment der Veränderung ist Bestandteil der dialektischen und dynamischen Tendenz der Psychoanalyse. Konflikte lassen sich nicht »eliminieren« im Sinne von Ungeschehenmachen. Vergangenheit kann nicht spurlos »bewältigt« werden. Sie wirkt in Gegenwart und Zukunft fort. Schädliche Wirkungen der Vergangenheit können wir nur dadurch eliminieren, daß wir sie in die Erinnerung heben (= elevare) und in derart verwandelter Form oder »trans-formiert« aufbewahren.

In ihrer klinischen Praxis folgt die Psychoanalyse der dialektischen Tradition, wie sie etwa in der Konvergenz der gegensätzlichen Bedeutungen von »Aufheben« zum Ausdruck kommt. Die klinische Arbeit folgt diesem dialektischen Zug zumindest implizit, theoretisch wurde er bisher nur ansatzweise entfaltet. Die Explikation ist aber erforderlich, sollen psychoanalytische Begriffe nicht immer wieder – in folgenreicher Weise – mißverstanden werden. Persönlichkeitswandel durch »Transformation« oder »Aufheben« pathogener Konflikte ist eine Strategie psychoanalytischer Praxis, die sich mit einer dialektischen Begrifflichkeit angemessen explizieren und begründen läßt.

Für den gesunden Menschenverstand, auch den der breiten *scientific community* ist ein solcher Gedankengang jedoch nicht unbedingt naheliegend. Wie kann »etwas« »eliminiert« und dadurch zugleich »aufbewahrt« werden? Eine solche Behauptung läuft nicht nur dem »common sense« zuwider, sondern auch dem formallogischen Satz vom Widerspruch, der besagt, daß A nicht zugleich A und Non-A sein kann. Diese in sich widersprüchliche Struktur aber liegt einem erfolgreichen psychoanalytischen Veränderungsprozeß wie auch spontanen Entwicklungsprozessen zugrunde. Die psychoanalytische Praxis beruht auf einer dialektischen Logik von Erleben, Verhalten und Beziehungsgestaltung, die nicht in jedem Falle die des »gesunden Menschenverstandes« ist.

Wissenschaftliche Dialektik

Unter Dialektik wird oft die Abfolge von These, Antithese und Synthese verstanden. Damit verbindet sich die Vorstellung, daß eine Vermittlung gegensätzlicher Behauptungen oder Positionen, nämlich zwischen These und Antithese, stets möglich und sinnvoll sei nach dem Motto: Die Wahrheit liegt immer in der Mitte, verbunden mit einem Preis des »goldenen Mittelwegs«. Verfolgt man dieses Schema auf seine erkenntnistheoretische Struktur hin, so liegt ihm ein willkürliches, letztlich »konstruktivistisches« Wahrheitskriterium zugrunde: eine »Synthese« sei immer konstruierbar. Noch zwischen den absurdesten Positionen kann »vermittelt« werden, und dieser »Vermittlung« wird ein höherer Status zugesprochen, eine höhere Wahrheit als These oder Antithese nur deshalb, weil sie sich zueinander im Widerspruch befinden. Diesen »Dreischritt« von These – Antithese – Synthese hat der große Dialektiker Hegel verächtlich als »dialektische Klappermühle« bezeichnet. Nach Freud stellt das neurotische Symptom eine Synthese zwischen Trieb und Abwehr dar, eine »Kompromißbildung«, eine Art von »faulem Kompromiß« zwischen Tendenzen, deren Gegensatz nicht wirklich »aufgehoben«, d. h. auf einer neuen, angemessenen »Metaebene« integriert werden kann. Im neurotischen Symptom kommt eine Tendenz zu vorschneller »Synthese« von Gegensätzen zum Ausdruck, die insofern der »dialektischen Klappermühle« folgt, als sie eine Art von Zwangseinheit der Gegensätze herbeiführt. Die Einheit wird verfrüht hergestellt, bevor noch der Gegensatz sich wirklich entfalten kann. Insofern ist die Synthese willkürlich und nicht in jener inneren Notwendigkeit begrundet, die wissenschaftlich dialektisches Denken kennzeichnet.

Wenn wir nach den Gründen fragen, weshalb die sogenannte dialektische Sequenz von These – Antithese – Synthese willkürlich erscheint und eher als Analogon zur neurotischen Symptombildung gesehen werden kann denn als wissenschaftliches Denkmuster, so bietet sich als eine mögliche Antwort an: weil ihr Ausgangspunkt, die »These« als solche, der inneren Notwendigkeit entbehrt. Jeder kann beliebige Thesen zu beliebigen Themen und Sachfragen vertreten. Insofern ist auch die Anti-These, selbst wenn sie in sich wohl begründet ist, nicht Bestandteil eines notwendigen Erkenntnisprozesses, sondern bleibt der Beliebigkeit der These verhaftet. Diese eher »konstruktivistische« Variante von Dialektik wurde philosophiegeschichtlich vor allem von Fichte und Schelling vertreten. Sie ist in Deutschland aus Gründen, die kulturhistorisch zu untersuchen wären, so populär geworden, daß sie eine Zeitlang sogar als Schema für Schulaufsätze verwendet wurde. Die Schüler mußten zu einer thesenartigen Behauptung Gegenthesen finden und schließlich eine Synthese, die beide Positionen vereinigt.

Ein dialektischer Erkenntnisvorgang, der Notwendigkeit und damit zugleich auch Wissenschaftlichkeit beanspruchen darf, läßt sich mit Hegel als Negation und Negation der Negation charakterisieren. Im Unterschied zur »These« kann der Ausgangspunkt nicht beliebig gewählt werden. Vielmehr schließt er sich an eine »Negation« an, die ihrerseits schon etwas negiert oder aufspaltet, das »an sich« zusammengehört, d. h. einen »vermittelten« Gegensatz bildet oder zumindest bilden kann. Dies ist z. B. der Fall bei einer aufgespaltenen Beziehungspolarität wie Nähe und Distanz. Wird diese an sich vermittelte, kontinuierlich regelbare Polarität negiert und damit in eine »aufgespaltene Ambivalenz« (Bauriedl, 1980) verwandelt, so folgt die »Aufhebung« dieses Gegensatzes einer dialektischen Logik, die sich notwendig, wenn auch nicht »deterministisch« aus der Ausgangslage ergibt. Bei extremer Aufspaltung von Nähe vs. Distanz kann nicht stehengeblieben werden. Sie widerspricht sogar der biologisch-genetisch verankerten Natur zwischenmenschlicher Beziehungen. Ein solcher Gegensatz »strebt« von sich aus nach Vermittlung. Allerdings kommt diese nicht zwangsläufig zustande. Es gibt viele Menschen, die ihr Leben unter der Herrschaft gespaltener Beziehungsschemata verbringen. Unter günstigeren sozialen Rahmenbedingungen jedoch erscheint der bisherige aufgespaltene Zustand zunehmend problematischer und kann schließlich explizit in Frage gestellt werden. Das alte, durch antagonistische Spaltung bestimmte Schema wird »dekonstruiert« (vgl. Abschnitt 5.2), die erste Negation, die der ursprünglichen Polarität, wird fraglich. Mit ihrer therapeutischen Technik fördert die Psychoanalyse systematisch eine solche Dekonstruktionsleistung. Wie kommt aber dann ein Neubeginn, eine »Konstruktion«, der Entwurf eines alternativen Beziehungsschemas zustande, das die alten Konflikte »aufhebt«?

Dies ist der Punkt, an dem Freud sich dagegen verwahrte, Begründer einer »Psychosynthese« zu werden, anstatt der »Psychoanalyse«. Die wissenschaftliche Dialektik folgt einer sachimmanenten Notwendigkeit, die sich durchsetzt, ohne daß – im Sinne des modernen Konstruktivismus – eine Synthese eigens »konstruiert« werden muß. Die Analysandin überarbeitet ihr bisher antagonistisch gespaltenes Beziehungsschema. In dieser kreativen »Konstruktion« wird das alte Beziehungsschema »aufgehoben«, d. h. durch Aufbewahren eliminiert und auf diese Weise trans-formiert (für ein klinisches Beispiel vgl. Abschnitt 5.2).

Prinzipien wissenschaftlicher Dialektik

Dialektik als ein Prinzip wissenschaftlichen Denkens ist heute nicht mehr »naiv«, sondern hat ähnlich wie Wissenschafts- und Erkenntnistheorie seit Kant eine Epoche der Vernunftkritik durchlaufen. Sie wurde in Frankreich ausgeführt mit Maurice Merleau-Pontys brillanter Kritik an den »Abenteuer(n) der Dialektik« (1965) und Jean-Paul Sartres »Kritik der dialektischen Vernunft« (1967). Diese Kritik war notwendig geworden durch den Mißbrauch der Dialektik im Stalinismus und der zugehörigen Staatsdoktrin des sogenannten »dialektischen Materialismus«. Wesentliches Ergebnis dieser Grundlagenkritik an den Prinzipien der Dialektik ist die Unterscheidung zwischen »geschlossener« und »offener Dialektik« (vgl. Waldenfels 1980). Auch Adorno hat mit seinem Konzept einer »negativen Dialektik« (1966) dazu beigetragen, daß wir sehr sensibel geworden sind gegen jedes Denken in Ganzheiten oder Systemen, das vorgibt, ein vollständiges Wissen von der Wirklichkeit zu besitzen. Statt dieser totalitären (Un-)Vernunft haben wir zunehmend gelernt, Dialektik als die Entwicklungslogik beweglicher, zukunftsoffener Systeme zu verstehen. Für Anthropologie und Psychologie ist hier der Beitrag Ulrich Sonnemanns zu nennen, der in seiner »negativen Anthropologie« (1981) detailliert die Widersprüche aufzeigt, in die sich jeder anthropologische Erklärungsansatz verstrickt, der sich aus der Sphäre flexibler dialektischer Hypothesenbildung und -prüfung zu einem totalitären Erklärungssystem aufbläst. In diesem Sinne ist auch – trotz allem »Positivismusstreit« – Poppers Bevorzugung der Falsifikation vor der Verifikation ein genuin dialektisches Konzept, das den dialektischen Primat der Negation (s. u.) an der Logik der Forschung aufweist. Als selbstreflexive Erkenntnismethode dekonstruiert die Dialektik eine empirie- und im weiteren Sinne erfahrungsfeindliche Verabsolutierung geschlossener Systeme vor allem auch dann, wenn sich diese als »Dialektik« bezeichnet, und bezieht ihre Erkenntnisse dagegen auf eine »Ganzheit«, die als »beweglicher Horizont« im Gegensatz zu »totaler Bestimmbarkeit« vorgestellt wird (Waldenfels 1980, S. 128). Im Bild des »beweglichen Horizontes« – eine Metapher, die auf Edmund Husserl zurückgeht – ist die Entwicklungsperspektive einer Ganzheit festgehalten: dialektische Erfahrung ist vergleichbar dem Reisen oder Wandern – in diesem Sinne also wirklich »Er-fahrung«. Der Horizont, der immer auch den Reisenden einschließt, wandert beim Reisen mit, gründet den aktuellen Erfahrungsausschnitt und bildet zugleich seine bewegliche Grenze. Für Dialektik als subjektive Systemtheorie sind soziale Handlungssysteme subjektiv konstituiert. Erst der Verlust der konstitutiven Funktionen des Subjekts läßt soziale Systeme als jene apersonalen, quasikybernetischen Strukturen erscheinen, die eine objektivistische Systemtheorie als deren Normalzustand unterstellt (vgl. Fischer & Wurth, 1989).

Nach der Epoche ihrer Vernunftkritik und der Erfahrung des bürokratischen Sozialismus und Stalinismus kann Dialektik heute nicht mehr »naiv« objektivistisch gehandhabt werden. Desto deutlicher zeichnet sich ihre Geltung für das menschliche Handeln und Erleben ab und damit für Psychologie und Psychoanalyse. Dialektik erfaßt keine Bewegungsgesetze der Welt oder der unbelebten Natur. Sie ist der mühsame und nie endende Versuch des Menschen, sich seiner biologischen und gesellschaftlichen Lebensbedingungen, seiner Handlungsvoraussetzungen und Erlebnisweisen bewußt: in diesem Sinne also »selbstbewußt« zu werden und so zu handeln.

Es gibt einige Prinzipien von dialektischem Denken, Verstehen und Handeln, die durch antagonistisch aufgespalten Sachverhalte oder soziale Situationen immer wieder herausgefordert werden. Diese Prinzipien haben ihr Fundament nicht nur in der Sache selbst, sondern auch in der Struktur unseres Denkens und Empfindens, wie sie die moderne Kognitionswissenschaft erforscht. Während nach Jean Piaget, der heute als einer der Begründer der *cognitive science* gelten kann, die menschliche Intelligenzentwicklung mit dem Stadium der »formalen Operationen« abschließt, der Fähigkeit, sich selbstreflexiv auf kognitive Operationen 1. Stufe zu beziehen und diese zu bearbeiten, haben Forscher wie Klaus Riegel (1978) oder Basseches (1980) eine Gruppe dialektischer kognitiver Operationen entdeckt, die sich im Erwachsenenalter ausdifferenzieren und mit dem Bildungsgrad einer Persönlichkeit verstärkt eingesetzt werden. Beispiele sind eine »ganzheitliche Betrachtungsweise«, Verständnis für »Veränderung durch Formwandel« oder für die »konstitutive Bedeutung von Relationen«. Da auch das Verständnis für zwischenmenschliche Beziehungen auf relationalen Mustern basiert (vgl. Abschnitt 2.2), ist eine enge Verbindung zwischen dialektischem Denken und den Leistungen sozialer und emotionaler Intelligenz anzunehmen (Coleman, 1995). So haben sich einige Themen herausgebildet, die sich durch die Geschichte des dialektischen Denkens ziehen, in jeder geschichtlichen Epoche jedoch neu bearbeitet werden müssen. Dazu gehören die Annahme interner Beziehungen eines Gegensatzes, eine dialektische Konzeption der Subjekt-Objekt-Beziehung, die Kategorien der Totalität und des Prozesses sowie die Autonomie der Forschungsmethode. Diese Heuristiken werden im folgenden kurz skizziert.

Annahme interner Beziehungen zwischen Gegensätzen, z. B. zwischen Subjekt und Objekt. Dies bedeutet, daß sich Gegensätze nicht nur extern, äußerlich oder zufällig, sondern notwendig oder konstitutiv gegenseitig implizieren. Korrelationen etwa sind ein

Beispiel für äußerliche, d. h. nicht notwendige Beziehungen. Die mechanische Kausalität impliziert eine notwendige, allerdings einseitige interne Beziehung, während z. B. die Wechselseitigkeit zwischenmenschlicher Beziehungen (Fischer, 1981) auf einem intern verwobenen intentionalen Netzwerk und darin interner Kausalität durch Wechselwirkung beruht.

Übertragen auf die Subjekt-Objekt-Dialektik wendet sich dieses Prinzip dialektischen Denkens gegen dualistische Konzepte der Erkenntnistheorie einerseits wie gegen den reduktionistischen Monismus andererseits. Dualistische Konzepte nehmen eine nur äußerliche Relation von Subjektivem und Objektivem an, so etwa bei Leib und Seele, Geist und Materie, Sprache und Wirklichkeit, Individuum und Umwelt usf. Der Monismus dagegen kann in der Form des Subjektivismus oder des Objektivismus auftreten. Eine Variante des Objektivismus stellt etwa der vulgärmaterialistische Reduktionismus dar, der psychische Aktivität auf die Physiologie des Gehirns reduziert. Im subjektivistischen Monismus wird entweder ontologisch oder methodisch Objektivität aus der Untersuchung ausgeklammert und alle Wirklichkeit im Inneren des Subjekts gesucht. Stellen wir uns nun ein Verhältnis von Subjekt und Objekt vor, das weder dualistisch noch monistisch ist, so haben wir im ersten dialektischen Prinzip die Lösung schon kennengelernt: sie sind aufeinander bezogen, und zwar intern. Damit kommt zugleich die Kategorie der Totalität oder Ganzheit ins Spiel. Wenn nämlich Subjekt und Objekt intern bezogen sind, so sind sie Elemente einer übergreifenden Ganzheit: eines Subjekt-Objekt-Systems. Insofern dieses seine Elemente (mit)konstituiert, kann die innere Verfassung des einen, z. B. des Subjekts, nicht ohne konstitutiven Bezug auf das andere Moment, die Sphäre der Objektivität, beschrieben oder gar verstanden werden. Moderne Varianten des subjektiven Idealismus wie der radikale Konstruktivismus oder ein nicht weniger radikaler psychoanalytischer »Intrapsychismus« haben im dialektischen Denken keinen Platz: Wer das Subjekt verstehen will, muß sich mit seiner Welt befassen, und wer umgekehrt unsere soziale und physische Welt verstehen will, muß sie in der Perspektive empfindender, leidender und handelnder Subjekte untersuchen.

Diese konstitutive Verbindung subjektiver Tätigkeit mit der objektiven Totalität der »Welt« ist zugleich die Begründung für die Kategorie des Prozesses, die für dialektisches Denken so charakteristisch ist. Während im statischen Denken Prozeß als eine Eigenschaft der Struktur gesehen wird, betrachtet Dialektik, darin der modernen Chaostheorie verwandt, Struktur als eine zufällige Eigenschaft von Prozessen. Die Wirklichkeit wird aufgefaßt als etwas, das sich in ständiger Bewegung befindet, das verändert wird und selbst verändert, das »aufhebt« und »aufgehoben« wird. Dies geschieht durch die gesellschaftliche Praxis, die ihrerseits den Prozeß des Lebens, die biologische Reproduktion, wiederholt. Auf der psychologischen Ebene geht dialektisches Denken daher von einem Primat der Lebensprozesse, der Triebdynamik (vgl. 2.1) und des Handelns vor der kontemplativen Erkenntnis aus. Erkenntnis ist ein Moment dieser Prozesse, das vor allem durch seine Fähigkeit zur Negation auch ziel-setzend in sie eingreifen kann.

Wenn wir auf unsere bisherige Darstellung dialektischer Prinzipien zurückblicken und den Gedanken interner Bezogenheit von Gegensätzen auf das Verhältnis von Subjekt und Objekt übertragen, so gelangen wir zu einer Weltsicht, die Wirklichkeit als in sich bewegte, durch menschliche Praxis begründete flexible Totalität oder Ganzheit versteht. Jedes der bisher genannten Prinzipien impliziert und begründet das andere, ohne es jedoch ersetzen zu können. Hierin haben wir, wenn auch auf einer sehr allgemeinen und abstrakten Ebene, ein Beispiel vor Augen für das, was ich nach einem terminologischen Vorschlag von Bubner (1974) Autonomie der Forschungsmethode in einer dialektischen Wissenschaftskonzeption nennen möchte (S. 129 ff.). In Auseinandersetzung mit einer Sachfrage – wie der nach der internen Bezogenheit von Gegensätzen – entwickeln sich Begriffe ihrer inneren Notwendigkeit nach, ohne daß wir vorab eine »Erkenntnismethode« definieren müßten, der wir folgen wollen. Die Methode des Erkennens kann nicht a priori der Erkenntnis vorausgehen und vor ihr ein für allemal festgelegt werden, wie dies der methodologische Positivismus fordert – ein selbstwidersprüchliches Forschungsprogramm. Vielmehr entwickelt sich die Methode in der Auseinandersetzung mit dem Gegenstand, und der Gegenstand erschließt sich durch die sich differenzierende Methode. Diese Dialektik von Methode und Gegenstand können wir den bisherigen Prinzipien hinzufügen. Vorausgesetzt wird lediglich, daß wissenschaftliche Forschung systematisch und intersubjektiv nachvollziehbar betrieben wird – andernfalls wäre sie nicht als wissenschaftlich zu bezeichnen. Paul Feyerabend hat in seinem bekannten Essay »Wider den Methodenzwang« (1976) gezeigt, daß über diesen Grundsatz hinausgehende methodologische Postulate leicht in Gefahr geraten, Erkenntnisprozesse zu verhindern statt zu fördern. Allerdings hat er mit der postmodernen Parole des »anything goes« die Grenze wissenschaftlicher, d. h. systematischer und nachvollziehbarer Arbeit in Frage gestellt. Zwischen subjektiver Willkür oder Intuitionismus einerseits und methodischem Positivismus andererseits liegt das breite Feld einer Forschung, die sich sowohl mit den Gegenständen wie auch mit ihrem Verhältnis zum Forschungsgegenstand systematisch auseinandersetzt und im Erkenntnisprozeß geeignete Methoden nötigenfalls erfindet und entwickelt. Der verbreitete methodologische Positivismus als Behauptung, die jeweils vorhandenen, positiv etablierten Forschungsmethoden könnten aus sich heraus »definieren«, was wissenschaftliches Vorgehen ist und was nicht, diese Diktatur der Methode verhindert die Entwicklung einer autonomen Methode, welche sich im und mit dem Erkenntnisprozeß entwickelt, anstatt diesen zu »begrenzen« (zu »de-finieren«).

Perspektiven einer dialektischen Psychoanalyse
Psychoanalyse ist bisher ganz überwiegend eine implizit dialektische Theorie und klinische Praxis. Sie in eine explizit dialektische zu überführen bedarf vieler Mühen und jener vielfältigen »Anstrengung des Begriffs«, die Hegel als Aufgabe der dialektischen Vernunft benannt hat. Dies besonders in einer »offenen Dialektik«, die nach der Kritik von Merleau-Ponty und Sartre die phänomenologische Methode als wesentliche Erkenntnisbasis integriert. In den folgenden Abschnitten dieses Buches sind Arbeiten wiedergegeben, die neben ihrer inhaltlichen Thematik auch diese grundsätzliche Aufgabe verfolgen.
Zunächst aber sollen nach gutem psychoanalytischen Brauch einige Widerstände angesprochen werden, die dialektischem Den-

24

ken allgemein und besonders der Entwicklung einer dialektischen Psychoanalyse im Wege stehen. Auch hier schreitet unsere Erkenntnis über die Negation der Negation (die »Aufhebung« der Erkenntnishindernisse) voran. Das menschliche Denken wie auch die Wahrnehmung sind im Alltagsleben wesentlich auf Dinge und Gegenstände gerichtet. Diese sind der oben skizzierten dialektischen Auffassung nach das Produkt konstituierender Praxis und relationaler Grenzziehung. Indem es die Aufmerksamkeit auf die internen, die Gegenstandswelt konstituierenden Relationen und Ganzheiten lenkt und damit den eigentlichen Bereich der Psychologie erschließt, arbeitet das dialektische Denken der gegenständlichen Fixierung unseres Alltagsbewußtseins entgegen. Dies ist ein zwar reizvoller, aber doch anstrengender und mühsamer Versuch, den Hegel mit der Faszination verglichen hat, gelegentlich auch einmal auf dem Kopf zu gehen und die Welt verkehrt herum zu betrachten. Kein Wunder, daß wir nach der »dialektischen Anstrengung« bald erleichtert auf die Füße zurückfallen und wieder aus der gewohnten Perspektive sehen wollen. Was wir aus der dialektischen Erfahrung dann mitgebracht haben, übersetzen wir gerne in räumliche und dingliche Metaphern, welche die dialektische Erfahrung zwar »handfest« machen, sie aber eben auch verräumlichen und verdinglichen und damit ihres dialektischen Erkenntniswerts berauben können. Dieses Schicksal zeigt sich bei manchen »Systemikern«, die den dialektischen Begriff der internen Relation umstandslos für zwischenmenschliche Beziehungen wie auch für technische Regelkreise und die Gangschaltung am Auto verwenden. Auch in der Psychoanalyse ist der Gebrauch von Metaphern ein schwieriges Kapitel. Manche Metaphern wurden einseitig und verräumlichend ausgelegt, so etwa wenn »das Unbewußte« als eigener psychischer oder gar hirnorganischer »Ort« verstanden wird und nicht als Aktivität einer Informationsverarbeitung, die als »unbewußte Intentionalität« (Wakefield, 1992) der bewußt gelenkten Aufmerksamkeit entgegenwirkt. Während Freud klare und logisch konsistente Theoreme durch Metaphern veranschaulichte, die als solche mißverständlich bleiben, solange sie nicht mit dem dialektischen Gehalt der Theorie explizit verbunden werden (vgl. 2.2), zeigt sich bei anderen Autoren, daß die Metaphern um so handfester werden, je verworrener die Theorie ausfällt, etwa die »Container-Metapher« bei Bion, die bedeutet, daß die Analytikerin als »Behälter« (Container) für unverdauliche Tendenzen des Analysanden fungiert. Anscheinend handelt es sich um einen einfachen und klaren Sachverhalt: die Analytikerin bewahrt unakzeptable Tendenzen und Impulse des Analysanden auf, »verdaut« sie gewissermaßen vor und gibt sie ihm in »vorverdautem« Zustand später wieder zurück. Die komplexen interaktiven und behandlungstechnischen Probleme der analytischen Beziehungsgestaltung werden mit der Container-Metapher allerdings eher verschleiert als erhellt, so z. B. der Bezug zu möglichen konkreten traumatischen Erfahrungen in der Lebensgeschichte der Analysanden und deren Wiederholung in der analytischen Übertragungsbeziehung. Solche verdinglichten Metaphern fallen als Theoriebruchstück hinter den fortgeschrittenen Stand, das beziehungstheoretische Niveau der psychoanalytischen Begrifflichkeit (Abschnitt 2.2) zurück und müssen von diesem Niveau aus reflektiert werden, bevor sie für eine dialektische Psychoanalyse in Betracht kommen. Im Unterschied zu einer kognitiv regredierten Psychoanalyse, die verdinglichte Metaphern mit Theorie verwechselt und darin hinter Freud zurückfällt, ist in der französischen Psychoanalyse im Anschluß an Lacan das dialektische Denken lebendig geblieben. Auch die immanente theoretische Entwicklung von Lacan mit seinem Weg von der Phänomenologie über den Strukturalismus hin zur Beschäftigung mit dem unsagbaren »Realen« spiegelt eine dialektische Bewegung wider, die auch in der bekannten Trias vom »Imaginären, Symbolischen und Realen« zum Ausdruck kommt. Slavoj Zizek (1992) hat kürzlich eine brillante Darstellung von Lacans Psychoanalyse parallel zu zentralen Themen der Hegelschen Philosophie, vor allem der *Phänomenologie des Geistes* und der *Wissenschaft der Logik* gegeben, die zeigt, daß Lacans Verständnis für Hegels dialektische Philosophie sich keineswegs in seiner phänomenologischen Frühphase erschöpft. Mit seiner »strukturalen Psychoanalyse« hat Lacan faszinierende dialektische Lösungen für zentrale Fragen von Psychoanalyse und Anthropologie vorgeschlagen, die vom psychoanalytischen »mainstream« bisher kaum aufgegriffen wurden. Allerdings hatte sich Lacan historisch mit seinem Programm einer »Rückkehr zu Freud« zumindest im buchstäblichen Sinne sehr weit vom Freudschen Theorietyp und seinen konkreten Problemstellungen entfernt. Durch die geduldige Arbeit empirischer Prüfung, dialektischer Weiterentwicklung und »Transformation« von Freuds psychoanalytischer Begrifflichkeit könnte die Kluft zwischen Lacan und der »mainstream«-Psychoanalyse jedoch merklich verringert werden.

In den folgenden Abschnitten werden Perspektiven einer explizit dialektischen Psychoanalyse in vier Themenbereichen dargestellt, die eine besonders enge Verknüpfung zu den zuvor entwickelten Prinzipien einer wissenschaftlichen Dialektik aufweisen:

(2) Psychoanalyse als dialektische Kognitionswissenschaft;

(3) unterwegs zu methodischer Autonomie;

(4) Intersubjektivität und Psychotraumatologie sowie

(5) Praxeologie und therapeutische Transformation.

Abschnitt (2) entspricht dem Versuch, den implizit dialektischen Charakter der psychoanalytischen Theorie in expliziter Begrifflichkeit darzustellen. Dabei schließt die Untersuchung »Eine psychoanalytische Theorie oder viele? Entwicklungsstufen psychoanalytischer Begrifflichkeit« an die immanente Selbstreflexion der psychoanalytischen Theorie an und zeigt historisch und systematisch deren eigenständige Entwicklungslinie auf. Einzelne heute aktuelle psychoanalytische Modelle unterscheiden sich untereinander nicht so sehr durch ihre gegenstandsbezogenen Behauptungen als vielmehr durch ihre selbstreflexive Binnenstruktur, wobei sich beziehungstheoretische Formulierungen (Entwicklungsstufe 2 b) an immanenten Kriterien gemessen als den anderen Ansätzen überlegen erweisen. Heute werden jedoch neben dieser in sich reflektierten psychoanalytischen Beziehungstheorie historisch und kognitiv regressive Theoriekonzepte wie der »Kleinianismus« als »psychoanalytisch« angeboten, was vor allem bei Studienanfängern regelmäßig zu einer Verwirrung führt, die sich mit der Wirkung von »Double-binds« in der Kommunikationstheorie vergleichen läßt, wenn nämlich verschiedene »logische Ebenen« miteinander verwechselt werden. Eine explizit dialektische Ausarbeitung psychoanalytischer Konzepte könnte hier jene begriffliche Klarheit bringen, welcher die Psychoanalyse in ihrer Außendarstellung – in der

Öffentlichkeit wie innerhalb der *scientific community* – dringend bedarf.

Die Selbstreflexion der psychoanalytischen Beziehungstheorie in Abschnitt 2.2 ist schon ein Beispiel für die Autonomie eines methodischen Gedankengangs, der sich ohne äußere Hilfsmittel allein auf die »Selbstbewegung« der psychoanalytischen Begriffe verläßt. Der große Kognitionsforscher Jean Piaget hat in seiner »genetischen Erkenntnistheorie« gezeigt, daß die kindliche Intelligenzentwicklung Stufenübergänge durchläuft, die sich aus der »autopoetischen« Auflösung von Selbstwidersprüchen verstehen lassen (vgl. Kesselring, 1981). So kann eine beziehungstheoretisch reflektierte, dialektisch auf sich selbst angewandte Psychoanalyse zugleich als Instrumentarium zur Untersuchung von Positionen in Wissenschaft und Erkenntnistheorie verwendet werden. Der subjektive Idealismus verfehlt die »Objektbeziehung« in anderer Weise als die verdinglichte Begrifflichkeit der psychoanalytischen »Grundstufe« (vgl. Abschnitt 2.2). Gemeinsam ist beiden Erkenntnispositionen jedoch eine Kommunikationsstörung zwischen Subjekt und Objekt, eine Unterbrechung der »Dialektik der Anerkennung«, die, in Termini der klassischen psychosexuellen Theorie ausgedrückt, auf »prägenitale Fixierungen« der Theorie verweist.

Von Psychoanalyse als dialektischer Kognitionswissenschaft aus lassen sich auch Kriterien formulieren für die Validierung (nicht »Validität«) psychoanalytischer Erkenntnisse, die als »Veränderungswissen« (Abschnitt 3) im Verlauf psychoanalytisch begleiteter Veränderungsprozesse gewonnen werden. Freuds Junktim von Forschung und Heilung gewinnt im dialektischen Verständnis eine überraschende Fundierung. Erkenntnisse, die kommunikativ, argumentativ und handlungstheoretisch validiert sind, begründen sowohl das prozessuale analytische Wissen wie auch einen gelingenden Veränderungsprozeß beim Patienten. Die Rekonstruktion der Vergangenheit geht mit der Konstruktion alternativer, nichtpathogener Beziehungsschemata Hand in Hand und festigt den Zukunftsentwurf, indem sie die Wirkung vergangener Traumatisierungen »aufhebt«. Die Validierungskriterien des psychoanalytischen Veränderungswissens sind für die psychoanalytische Praxis keineswegs irrelevant, sondern müssen in der Formulierung jeder einzelnen Deutung Berücksichtigung finden, wenn diese eine produktiv therapeutische Funktion entfalten soll (vgl. auch Strenger, 1991).

Der Beitrag *Die Fähigkeit zur Objektspaltung* in Abschnitt 4 zieht einige Konsequenzen aus der wechselseitigen Beziehung von Subjekt, Objekt und Mit-Subjekt in einer dialektisch verstandenen Psychoanalyse und aus den Überlegungen zur Rekonstruktion der Lebensgeschichte. Im Gegensatz zur »intrapsychistischen« Begrifflichkeit der »Grundstufe« (vgl. 2.2) beachtet die Psychoanalyse sorgfältig Umweltbedingungen, die sich auf die psychische Entwicklung »störend« auswirken, und wird in diesem Sinne zur »Psychotraumatologie« (Fischer et al., 1995, Fischer & Riedesser, im Druck). Der Beitrag zeigt vielleicht am deutlichsten, wie gründlich tradierte psychoanalytische Begriffe wie z. B. »Spaltung« oder »Objektkonstanz« überarbeitet werden müssen, damit die Psychoanalyse ihr dialektisches Erkenntnispotential entfalten kann.

Im Abschnitt 4 wird die Intersubjektivitätstheorie nur ansatzweise dargestellt. Für eine ausführliche und systematische Darstellung muß auf die Arbeit »Wechselseitigkeit« (Fischer, 1981) verwiesen werden.

Abschnitt 5 zu *Praxeologie und therapeutischer Transformation* beschränkt sich auf zwei Arbeiten, die besonders geeignet sind, die dialektischen Prinzipien *Primat der Praxis* (vor der Kontemplation) und *Veränderung durch Formwandel* zu verdeutlichen. In beiden Beiträgen werden »dialektische Interventionen« dargestellt, die den Primat des Handelns verdeutlichen, und es wird ihre Auswirkung im psychotherapeutischen Veränderungsprozeß aufgezeigt. Dabei zielt die sogenannte »paradoxe Intervention« in Abschnitt 5.1 im Rahmen eines psychoanalytisch-dialektischen Ansatzes nicht auf eine manipulative Verhaltensänderung ab, sondern auf eine verhaltensimmanente Form der Einsicht, die im Sinne des metapsychologischen Strukturmodells den »Entscheidungsspielraum« des Ich erweitert oder ihn – bei schweren psychischen Störungen – eröffnet. Abschnitt 5.2 zeigt gewisse Parallelen der Traumaverarbeitung zwischen kreativem künstlerischen Schaffen wie etwa bei René Magritte einerseits und psychoanalytisch begleiteten Veränderungsprozessen andererseits auf. Der Vergleichs-punkt ist die kreative Entwicklung eines neuen »Code«, einer Metasprache, die es erlaubt, bisher unvereinbare, oft »unaus-sprechliche« Aspekte der traumatischen Erfahrung zum Ausdruck zu bringen. Die Analyse des psychoanalytischen Behandlungsver-laufs in Abschnitt 5.2 folgt dem »Dialektischen Veränderungsmo-dell« (Fischer, 1989; 1998, im Druck). Der Primat der Praxis oder des Handelns in einer dialektisch verstandenen Psychoanalyse bie-tet Anlaß, das Verhältnis zur Verhaltenstherapie neu zu durchden-ken (Fischer & Klein, 1997).

2. Psychoanalyse als dialektische Kognitionswissenschaft

2.1 Der dialektische Charakter psychoanalytischer Konzepte

Seit einiger Zeit werden Konzepte der psychoanalytischen Meta-psychologie vielfältig kritisch überprüft mit dem Ziel, eventuell alternative, dem neuesten Stand von Biologie oder Sozialwissen-schaften entsprechende Formulierungen auszuarbeiten. Bei diesen – legitimen – Bemühungen wird m. E. jedoch bisweilen verkannt, daß viele der zunächst naturwissenschaftlich anmutenden Kon-zepte bei genauerer Betrachtung Aussagen enthalten, die nur im Rahmen eines dialektischen Verständnisses von psychoanalyti-scher Theorie und Praxis angemessen zu erfassen sind.

Im folgenden werde ich daher versuchen, diesen dialektischen Kern psychoanalytischen Denkens zumindest in einigen Punkten näher zu bestimmen. Ich möchte mit meinen Überlegungen u. a. dazu bei-tragen, daß Autoren, die an der Neufassung metapsychologischer Konstrukte arbeiten, sich nicht allein am vordergründig naturwis-senschaftlichen Charakter der traditionellen Begrifflichkeit orien-tieren, sondern den dialektischen Aspekt psychoanalytischer Theo-rie und Praxis in ihre Überlegungen einbeziehen.

Der dialektische Zug in psychoanalytischer Theorie und Praxis

»Wir möchten die Lehre vom Unbewußten auf ihren Entdecker an-wenden, sagen: Freuds bewußte Intention war gewiß am Ideal na-turwissenschaftlich-mathematischer Exaktheit orientiert, seine un-bewußte folgte jedoch dem Zug des dialektischen Denkens.« Mit diesen Worten charakterisiert Schraml in seiner Arbeit »Das dia-lektische Denken in der Psychoanalyse« das Verhältnis von Freud-scher Psychoanalyse und Dialektik (1963, S. 122).

Schraml belegt das – teilweise implizite – dialektische Selbstverständnis der Psychoanalyse an den Konzepten der Dynamik, des Unbewußten, der Abwehr, den von Freud untersuchten Phänomenen von Witz und Ambivalenz, seiner Kulturtheorie, vor allem aber an der auf Veränderung zielenden therapeutischen Praxis der Psychoanalyse.

Ein übergreifender dialektischer Aspekt in der Psychoanalyse sei die Aufhebung der Trennung von Gegenstand und Methode (S. 123). Das heißt, die Methode bestimmt sich vom Gegenstand her, und sie erschließt ihn zugleich für die Forschung. Dieses wissenschaftstheoretische Selbstverständnis der Psychoanalyse komme in ihrer therapeutischen Praxis insbesondere darin zum Ausdruck, daß sie die wechselseitige Beeinflussung von Analytiker und Analysand in Übertragung und Gegenübertragung als ein konstitutives Moment ihrer Forschung anerkenne, welches sich nicht zugunsten eines naturwissenschaftlichen Ideals scheinbar einflußloser Beobachtung eliminieren lasse.

Schraml bemerkt dazu, daß dieses interaktive Verständnis der psychoanalytischen Forschungssituation von naturwissenschaftlich orientierten Kritikern verständlicherweise als »methodische Schwäche ausgelegt« werde. Jedoch: »Diese Interferenz treffen wir nicht nur in der Psychoanalyse an, sondern sie ist vielmehr eine unumgängliche Gegebenheit jeglicher psychologischen Forschung. Je empfindlicher ein Instrument ist, z. B. ein psychologisch-diagnostisches Verfahren, desto weiter entfernt es sich vom Ideal der Trennung von Gegenstand und Methode. Die Psychoanalyse bejaht diese Problemsituation und legt somit für die gesamte Psychologie eine Art von Bekenntnis zu ihrer eingeschränkten Naturwissenschaftlichkeit ab.« – Damit ist natürlich nicht gesagt, daß die Ergebnisse der Psychoanalyse in irgendeinem qualitativen Sinne weniger »exakt« seien als die sogenannter »objektiver« Verfahren in der Psychologie. Im Gegenteil: je weiter die psychologische Forschung von der dialektischen Identität zwischen Gegenstand und Methode abrückt, desto oberflächlicher und letztlich auch willkürlicher werden ihre Ergebnisse (für weite Bereiche sozialpsychologischer Forschung vgl. etwa Bungard, 1980; zur Testmethodik Fischer & Hoffmann, 1986).

Noch einem weiteren möglichen Mißverständnis ist vorzubeugen. Auch die Psychoanalyse, wie alle psychologische Forschung, muß sich beständig um Validierung (statt »Validität«) und Objektivierung (statt »Objektivität«) ihres Forschungsprozesses bemühen – allerdings mit gegenstandsadäquaten Mitteln.

Der dialektische Charakter der psychoanalytischen Methode läßt sich nach Schraml bis in die Details ihres Behandlungsverfahrens hinein verfolgen. Die Analyse beginne mit einer dialektischen Negation, wenn der Analytiker den Patienten, der ja seiner »Symptomatik« wegen zur Behandlung komme, mit der »Grundregel« konfrontiere, »alles zu erzählen, was ihm einfällt, gleichgültig, ob es zum Leiden Bezug hat oder nicht« (S. 130). Diese erste Negation bringe den analytischen Prozeß in Gang und sei weiterhin sein treibendes Moment. Das werde auch am Phänomen des »Widerstandes« deutlich. Wenn der Fluß der Einfälle und Erinnerungen versage, komme es dazu, daß lebensgeschichtliche Situationen der Vergangenheit auf dem Wege der Übertragung aktuell in der analytischen Beziehung inszeniert und wiederholt werden. Die Negation und Überwindung des Widerstandes in einer gelungenen Widerstands-/Übertragungsdeutung setze den Fluß der Einfälle und Erinnerungen wieder frei. So löse die Verneinung des gegenwärtigen Verhaltens die blockierte psychische Bewegung.

Loch (1972) beschreibt die »doppelte Verneinung als operatives Prinzip« (S. 178 f.) des psychoanalytischen Prozesses. Freud (1925) hatte in seiner deutlich dialektischen Abhandlung über »die Verneinung« die Negation als entscheidendes Moment im Vorgang des Bewußtwerdens erkannt. Diesen Freudschen Gedanken rekonstruiert Loch an der Übertragungsdeutung. In der Übertragung »verklammere« der Patient gleichsam das lebensgeschichtliche Primärobjekt mit dem Übertragungsobjekt in seiner jeweiligen affektiven und kognitiven Haltung dem Analytiker gegenüber. Ebenso verklammere auch der Analytiker in der Gegenübertragung sein Bild vom Patienten mit eigenen bzw. vom Patienten an ihm herangetragenen lebensgeschichtlichen Modellen. Indem der Analytiker in seiner Bearbeitung der Gegenübertragung die Negation einführt – etwa: »diese Patientin ist nicht meine Tochter« –, bestätigt er das »Eigenwesen« des Patienten und wird damit fähig, die Übertragung als Übertragung zu erkennen und zu deuten. Das wiederum kann es dem Patienten erleichtern, seinerseits den Analytiker aus der Übertragung freizugeben.

»Man beachte, daß die zweimalige Verneinung, erst auf seiten des Arztes, dann auf seiten des Patienten geübt, Vorbedingung für die Bestätigung der Realität ist. Es ist wohl ohne weiteres deutlich, wie nahe die psychoanalytische Technik damit der dialektischen Methode kommt.« (S. 179)

Einsicht und Veränderung

Ausgehend von Schramls und Lochs Überlegungen möchte ich das für die therapeutische Veränderung zentrale Konzept der »Einsicht« im psychoanalytischen Prozeß folgendermaßen charakterisieren: Entgegen allen kognitivistischen Mißverständnissen und Verkürzungen dieses Begriffs bedeutet Einsicht im psychoanalytischen Sinne immer zugleich Einsicht und Veränderung. Ohne Veränderung liegt keine wirkliche Einsicht vor. Einsichtige Veränderung wird dadurch eingeleitet, daß der Analytiker in die Unmittelbarkeit der Übertragungsbeziehung ein Moment der Negation einführt, das, wie Loch zeigt, auf eine spezifische Vorleistung von seiner Seite zurückgeht: auf die Negation der Gegenübertragung. Diese immer wieder neu zu erbringende Leistung wird, wie Schraml erkannte, durch die allgemeinen Rahmenbedingungen der psychoanalytischen Situation oder ggf. einzuführende Parameter (Eissler, 1953, 1958) in spezifischer Weise gefördert bzw. überhaupt erst ermöglicht.[2] Durch dieses Moment der Negation gerät die unmittelbare Übertragungsbeziehung des Patienten mit sich selbst in Widerspruch. Es kommt ein Prozeß der Reflexion, der »Rückwendung-auf-sich-selbst«, zustande, der sich schließlich selbst negiert und so zu einer neuen Form von Unmittelbarkeit, einer neugewonnenen (»realistischeren«) Beziehungsmöglichkeit führt. Innerhalb des Übergangsstadiums intensiver Selbstreflexion treten vielfache Widersprüche in Erscheinung, die im Sinne von Freuds technischer

---

2 Ich habe an anderer Stelle auch die sogenannten »paradoxen Interventionen« als einen Parameter beschrieben, der – bei gegebener Indikation – Prozesse einsichtiger Veränderung ermöglichen kann (1983).

Anweisung (1914) immer von neuem »durchgearbeitet« werden müssen. So ist auch »Durcharbeiten« ein integraler Bestandteil der psychoanalytischen Technik (Cremerius, 1978, zit. nach 1984, S. 154 ff.) und stets mit »Einsicht« verbunden, nicht eine zusätzliche Aktivität des Analytikers, die vom theoretisch besser abgesicherten Deutungsvorgang zu trennen wäre. Mit dem Durcharbeiten jener Widersprüche, welche die alte und die neugewonnene Beziehungs-möglichkeit voneinander trennen, werden zugleich »Erinnerun-gen« zugänglich, die in einem dialektischen Verständnis stets eine »konstruktive« (vgl. Cremerius, 1981, zit. nach 1984, S. 398 ff.) und eine rekonstruktive Seite haben.

Der psychoanalytische Prozeß läßt sich in erster Annäherung als eine Folge solcher von Analytiker und Analysand gemeinsam voll-brachter Negationen und ihrer »Aufhebung« beschreiben und darin als Transformation von »Objektbeziehungen«.

Wenn ich mit Schraml die These vom dialektischen Chrakter der psychoanalytischen Theorie und vor allem ihrer Veränderungspra-xis[3] vertrete, auf die sich die Theorie letztlich stützt, so möchte ich noch gewissermaßen ex negativo belegen, daß ein nichtdialekti-sches Verständnis psychoanalytischer Begriffe im allgemeinen zu fundamentalen Mißverständnissen führt. An zwei Beispielen werde ich diesen Sachverhalt zumindest andeutungsweise demon-strieren: am Konzept der Dynamik und an einigen Aspekten des Strukturmodells.[4]

Der Primat der Dynamik in der psychoanalytischen Theorie

Zentral für den metapsychologischen Aspekt der Dynamik ist der psychoanalytische Triebbegriff. Aus verschiedenen hier nicht näher zu benennenden Gründen gehört das Triebkonzept zu jenen Be-

3 Habermas (1968, S. 306 ff.) kommt, allerdings weniger von praktischen als von allgemeinen philosophischen Überlegungen her, zu einer vergleichbaren Deutung. Auch K. Riegel führt in seinem »Manifest der dialektischen Psy-chologie« die Psychoanalyse und die Theorie Piagets als Beispiele implizit dialektischer psychologischer Theorien an (1976).

4 Eine umfassende Diskussion des dynamischen und strukturellen Aspektes der Metapsychologie würde eine eigene Arbeit erfordern. Ich muß mich hier auf wenige Punkte beschränken.

standteilen psychoanalytischer Theorie, die von Anfang an am heftigsten bekämpft und immer wieder wissenschaftlich oder weltanschaulich »widerlegt« wurden (vgl. Brodthage & Hoffmann, 1981). Vor allem in jüngster Zeit wird gegen den psychoanalytischen Triebbegriff eingewandt, daß er auf einer Art von »psychohydraulischem Antriebsmodell« beruhe (vgl. König, 1981, S. 89 ff.), einem Konzept seelischer »Kräfte«, welches mit der Entwicklung des relativistischen Weltbildes in der Physik zugleich auch für die Psychologie obsolet geworden sei (ebd., S. 93 f.). Diese Argumentation beruht m. E. auf einem Rückfall in jene statische Denkweise, von der sich Freuds dynamische Konzeption abwandte.

Für ein statisches Verständnis sind Bewegung und Motiviertheit des Handelns die erklärungsbedürftigen Größen, während das dynamische Konzept gerade umgekehrt vom Primat der Bewegung ausgeht und somit statische Faktoren wie Strukturbildung oder Entwicklung von Abwehrformationen etwa als erklärungsbedürftige »Phänomene« betrachtet.

Diese Interpretation deckt sich mit Toulmins Anschauungen über die Funktion eines »Paradigmawechsels« in der Geschichte der Wissenschaften. Unter einem Paradigma versteht Toulmin (1961) eine wissenschaftliche »Idealkonstruktion«, die darüber entscheidet, welche Beobachtungsdaten als selbstverständliche Gegebenheiten betrachtet werden und welche andererseits im Rahmen eines gegebenen theoretischen Entwurfs als erklärungsbedürftige »Phänomene« erscheinen (S. 72 ff.). Im Bezugsrahmen einer statischen Gesamtkonzeption von menschlichem Erleben und Verhalten muß nun der Triebbegriff zwangsläufig die Konnotation von »Antrieb« gewinnen. Mit seiner Hilfe soll »erklärt« werden, auf welche Weise die an sich statisch gedachte psychische Organisation jene Qualitäten von Veränderung und Bewegung gewinnt, die sie in der alltagspraktischen Erfahrungswelt unverkennbar auszeichnen. Die Verwechslung von Trieb und Antrieb fällt daher vom Ansatz her hinter die »dynamische Revolution« der Psychoanalyse zurück, für die (trieb-)zielorientiertes und motiviertes Handeln den »selbstverständlichen« Ausgangspunkt bildet und gerade umgekehrt die Kanalisierung der Triebe und ihre Umwandlung in relativ statische Strukturen erklärungswürdige »Phänomene« sind.

Dieser Sachverhalt kann näher verdeutlicht werden, wenn man sich anschaut, wie Freud in der »Neuen Folge der Vorlesungen« (1932) resümierend die psychoanalytische Trieblehre beschreibt: »Die Trieblehre ist sozusagen unsere Mythologie. Die Triebe sind mythische Wesen, großartig in ihrer Unbestimmtheit. Wir können in unserer Arbeit keinen Augenblick von ihnen absehen und sind dabei nie sicher, sie scharf zu sehen ... Uns hat immer die Ahnung gerührt, daß hinter diesen vielen kleinen ausgeglichenen Trieben sich etwas Ernsthaftes und Gewaltiges verbirgt, dem wir uns vorsichtig annähern möchten« (S. 101 f.).

Nun kann man diese Umschreibung der Trieblehre als Rückfall in mythologisches Denken auslegen. Der an den Idealen mathematisch-exakter Naturwissenschaft ausgerichtete Forscher Freud gesteht selbst seine Unfähigkeit ein, genau zu bestimmen, was eigentlich die Natur des Triebes sei. Kritikern der Psychoanalyse ist kaum ein Vorwurf zu machen, wenn sie diese Aussage Freuds oft triumphierend als Beleg für das wissenschaftliche Scheitern der Psychoanalyse zitieren. Im Rahmen einer Denkweise, die den dynamischen Primat der Bewegung verkennt und die Motiviertheit des Handelns als das erklärungsbedürftige »Phänomen« nimmt, ist diese Schlußfolgerung wohl unabweislich.

Es sollte allerdings zu denken geben, daß ein Forscher wie Freud, der in anderen Zusammenhängen das Triebkonzept weitaus genauer zu umschreiben – wenn auch nicht zu »erklären« – verstand (etwa 1905, S. 67 ff.; 1915, S. 214 f.), sich die Freiheit eines solchen Eingeständnisses »leistet«. Dieser vergleichsweise großzügige Umgang mit dem Triebbegriff wird verständlich, wenn man die dynamische Konzeption der Psychoanalyse ernst nimmt. Denn dann ist die Triebbestimmtheit des menschlichen Handelns die »nicht verwunderliche« (Hegel) Prämisse aller weiteren Forschung, die als selbstverständliche Voraussetzung durchaus in einem vorwissenschaftlich-mythologischen Bereich verbleiben kann, da sie einer letzten wissenschaftlichen »Erklärung« weder bedürftig noch fähig ist.

Das Therapieziel in struktureller Formulierung

Das von Freud ab 1923 entwickelte Struktur- oder Instanzenmodell stellt eine umfassende Neuformulierung früherer Ansätze dar, etwa des topischen Modells, die sich seither in psychoanalytischer Theorie und Praxis als außerordentlich fruchtbar erwiesen hat. Ermöglicht doch das Strukturmodell der psychischen Persönlichkeit mit den Substrukturen Es, Ich und Über-Ich erstmals die subtile Analyse bestimmter Formen seelischer Konflikte. Es mag selbstverständlich erscheinen, wird aber nur selten ausdrücklich hervorgehoben, daß das Strukturkonzept auf einem Konfliktverständnis beruht, welches dialektisch von der gegenseitigen Implikation der am Konflikt beteiligten, einander entgegengesetzten Instanzen ausgeht. Das hat in seiner »Kritik der dialektischen Vernunft« im Zusammenhang mit einigen kritischen Bemerkungen zur Psychoanalyse J.-P. Sartre betont:

»Meiner Meinung nach fehlt den Psychoanalytikern der Begriff des Gegensatzes, zumindest in einigen Punkten (denn es gibt einen dialektischen Konflikt zwischen dem Es, dem Über-Ich und dem Ich« (1960, S. 18 Fn.).

Versteht man das Strukturkonzept als dialektisches Konfliktmodell mit wechselseitiger Implikation der gegensätzlichen Trias, so ergeben sich Probleme, wenn man das Therapieziel als quantitative Veränderung einer oder zweier Komponenten, etwa als »Ich-Erweiterung« auf Kosten von Es und Über-Ich, definiert. Eine quantitative Veränderungskonzeption läßt sich aus Freuds ebenso berühmter wie umstrittener Formulierung herauslesen, in der er bildlich das Ziel der analytischen Behandlung umschreibt: »Wo Es war, soll Ich werden. Es ist Kulturarbeit etwa wie die Trockenlegung der Zuydersee« (1932, S. 86). Über die quantitative Verschiebung in einem Kräfteverhältnis hinaus gestattet dieses Bild auch die Deutung, daß das Ich eine Wesensveränderung am Es bewirke. Beide Interpretationen jedoch, die der Kräfteverschiebung und die einer einseitigen Auswirkung des Ichs auf das Es mit dem Ziel, den eigenen Radius zu erweitern, würden ein dialektisches Verständnis meiner Meinung nach verfehlen. Dieses hätte vielmehr davon auszugehen, daß jede quantitative Veränderung einer einzelnen Komponente, die ein gewisses Maß übersteigt, oder auch die qualitative Veränderung jeder einzelnen Instanz impliziert, daß zugleich das Gesamtsystem affiziert und schließlich transformiert wird. Das Therapieziel führt in das Instanzenmodell ein Moment qualitativer Veränderung ein, welches sich im Rahmen dieses Modells nicht mehr widerspruchsfrei klären läßt, sondern in Richtung seiner »Aufhebung« tendiert. Diese ließe sich etwa so umschreiben: Das therapeutisch veränderte Ich nimmt bis dahin abgewehrte Triebziele und zuvor zwanghaft wirksame Über-Ich-Forderungen in sich auf. Auf diese Weise wird das gesamte bisherige System zu einer veränderten Synthese gebracht, in der sich jede einzelne Instanz wie auch deren Verhältnis zu den anderen qualitativ neu bestimmt.

Eine vergleichbare Argumentation findet sich bei Bianchi (1980). Er vertritt allerdings die Auffassung, das analytische Therapieziel im Rahmen des Instanzenmodells könne »nichts anderes als die Selbstaufhebung der Instanzen« (S. 991) bezeichnen. Das scheint mir letzten Endes durchaus konsequent. Ich möchte jedoch eine alternative Formulierung vorschlagen, die mit der dialektischen Logik des Modells durchaus vereinbar ist, den Erfahrungen der psychoanalytischen Praxis aber m. E. besser entspricht. Das gegenseitige Verhältnis der Instanzen und damit auch die innere Strukturierung jeder einzelnen Instanz durchlaufen eine Stufenfolge qualitativer Veränderung. Deren – wohl utopischer – Zielpunkt wäre dann als »Selbstaufhebung des Modells« allerdings korrekt bezeichnet.

Im Rahmen des dialektisch verstandenen Strukturmodells ist es durchaus möglich und sinnvoll, Freuds Kennzeichnung des Therapieziels umzukehren in die Forderung: »Wo Ich war, soll Es werden.« Während Freud mit seiner Formulierung die Notwendigkeit betont, die »irrationalen« Kräfte des Es mit den dem Ich zur Verfügung stehenden Potenzen rationaler Handlungs- und Lebensgestaltung zu durchdringen, werden jetzt jene Erweiterungs- und Bereicherungsmöglichkeiten hervorgehoben, welche die triebhaft-unbewußten Erfahrungsmodalitäten bewirken können, wenn sie integraler Bestandteil von Persönlichkeitsorganisation und bewußter Lebensgestaltung werden.

Wissenschaftshistorisch gesehen hat in der Geschichte der Psychoanalyse meines Wissens Jacques Lacan als erster das Strukturmodell in dieser Weise interpretiert (vgl. etwa Lang, 1973, S. 65 ff.). Insoweit scheint mir sein Ansatz durchaus verdienstvoll zu sein. Es gibt allerdings Hinweise darauf, daß Lacan bei der Umkehr der klassischen Auslegung des Modells stehenblieb und komplementär hierzu ein Bewußtseinskonzept vertrat, welches das Ich als Instanz tendenziell autonomer Handlungsplanung seiner selbstreflexiven Potenzen beraubt. Diesen kritischen Punkt im Lacanschen Strukturalismus hat Frank (1983) minutiös herausgearbeitet (S. 395 ff.). Insofern gerät Lacan schließlich in eine gegenaufklärerische Position, die dem der Aufklärung verpflichteten Geist der Freudschen Psychoanalyse in ihrem Kern widerspricht.

Gemäß dem dialektischen Zug des Freudschen Denkens dagegen wären beide Formulierungen des Therapieziels durchaus gleichberechtigt: »Wo Es war, soll Ich werden« wie auch die komplementäre: »Wo Ich (bzw. Über-Ich) war, soll Es werden«. Denn nur beide Postulate zusammengenommen umreißen das Therapieziel im Sinne der angestrebten qualitativen Veränderung. Solange die implizit dialektische Bestimmung des strukturellen Therapieziels nicht auch explizit dialektisch formuliert wird, sind Mißverständnisse wie bei Lacan oder wie die wörtliche Deutung des Freudschen Vergleichs mit der Zuydersee – als gehe es darum, das Es buchstäblich »trockenzulegen« (Theweleit 1978) – nur schwer zu vermeiden.

Zusammenfassung

Es wird der dialektische Aspekt psychoanalytischer Theorie und Praxis betont und an einigen Beispielen herausgearbeitet: an der dialektischen Negation im Behandlungsarrangement, der Übertragungsdeutung, dem Verhältnis von Einsicht und Veränderung sowie an den dynamischen und strukturellen Gesichtspunkten der Metapsychologie. Wird bei Versuchen zur Reformulierung von psychoanalytischer Praxistheorie oder Metapsychologie der dialektische Zug des psychoanalytischen Denkens verkannt, so wird nach Auffassung des Autors zugleich ein entscheidendes Moment der ursprünglichen Freudschen Konzeptionen übersehen.

2.2 Eine psychoanalytische Theorie oder viele? Entwicklungsstufen psychoanalytischer Begriffsbildung

(Gottfried Fischer und Brigitte Klein)

Heute herrscht unter Psychoanalytikern weitgehend Einigkeit darüber, daß wir in einer Ära des theoretischen Pluralismus leben und unterschiedliche Konzepte und Modellvorstellungen für bestimmte theoretische und praktisch-klinische Fragen herangezogen werden können. Der Konsens der heutigen Psychoanalyse über die gegenwärtige Modellvielfalt kann als Fortschritt der psychoanalytischen Wissenschaft in Richtung auf Toleranz, Liberalisierung und eine pragmatische Haltung verstanden werden. Diese Einstellung hat zu einer Entkrampfung in der wissenschaftlichen Diskussion geführt. Der gegenwärtige moderate Arbeitsstil ist sozial erfreulicher, als es die Spaltungstendenzen und Ausschlußverfahren gegen »Abweichler« in früheren Zeiten waren. Hinsichtlich der Weiterentwicklung von Psychoanalyse als Wissenschaft können sich jedoch Schwierigkeiten ergeben. Eine Pluralität von Modellen, die sich auf unterschiedliche Aspekte eines Gegenstands beziehen oder auf verschiedene Problemfelder, ist unproblematisch. Schwierigkeiten ergeben sich jedoch, wenn einander widersprechende Konzepte und Theorien Geltung für den gleichen Gegenstandsbereich beanspruchen. Koexistiert eine solche in sich kontradiktorische Vielfalt von Modellen über einen längeren Zeitraum hinweg, so spricht diese Situation weniger für Toleranz als vielmehr für einen Mangel an wissenschaftlichen Entscheidungskriterien und eventuell auch für mangelnde Bereitschaft, notwendige Entscheidungen herbeizuführen. In diesem Fall ist »Pluralismus« keine Tugend, sondern Ausdruck einer Schwäche der wissenschaftlichen Begriffsbildung. Um diese Situation zu überwinden, müssen übergreifende Konzepte gebildet werden, die Widerspruche zwischen alternativen Modellen aufzuklären erlauben und eine Entscheidung nach empirischen und/oder theoretischen Kriterien herbeiführen können.
Um die problematische von der unproblematischen Dimension des Modellpluralismus abzugrenzen, schlagen wir die Unterscheidung

zwischen einer – bildlich gesprochen – horizontalen und einer vertikalen Dimension der Konzeptentwicklung und Theoriebildung vor. Die horizontale Dimension in der Psychoanalyse wie in vielen anderen Wissenschafts- und Forschungsbereichen ist durch unterschiedliche Gegenstands- und Problemfelder bestimmt, die manchmal auch als unterschiedliche »Domänen« bezeichnet werden. Bei einem Widerspruch zwischen psychoanalytischen Modellen oder Paradigmen muß zunächst geklärt werden, inwieweit Unterschiede zwischen Theorien sich den unterschiedlichen Merkmalen des Gegenstandsbereiches verdanken. Solch eine »horizontale Differenz« kann etwa zwischen psychoanalytischen Konzepten bestehen, die sich mit unterschiedlichen psychischen Störungen befassen. Eine Theorie etwa, die sich auf das Studium »hysterischer Störungen« gründet, kann nach Struktur und inhaltlichen Annahmen sehr verschieden sein von einer, die aus der Beschäftigung mit psychotischen Phänomenen hervorgegangen ist. In der Geschichte beschränkten sich theoretische Entwürfe allerdings nur selten auf einen vergleichsweise bescheidenen domänenbezogenen Erklärungsansatz, sondern waren nicht selten bemüht, aus begrenzten Erfahrungen übergreifende Theorien zu gewinnen, manchmal sogar von anthropologischer Tragweite. Gerät die Verankerung konkurrierender Theoreme in unterschiedlichen Domänen aus dem Blick, so werden letztlich Scheindiskussionen ausgetragen. Grundsätzlich aber erscheint ein Modellpluralismus in der horizontalen Dimension als wissenschaftslogisch unbedenklich.

Eine andere Situation ergibt sich in der bisher wenig beachteten »vertikalen Dimension« divergenter Theoriebildung. Hier können sich Theorien und terminologische Vorschläge auf unterschiedlichen logischen Ebenen und Stufen der Begriffsbildung bewegen mit der Folge einer Sprachverwirrung, die den wissenschaftlichen Fortschritt nachhaltig behindern kann. Auch die vertikale Divergenz von Theorien kann natürlich »eklektisch« gelöst werden. Wie in einem Supermarkt werden dann die unterschiedlichen Modelle angeboten, und der Verbraucher kann sich nach persönlichem Geschmack das passende Angebot aussuchen oder sich auch nach einer »Mode« richten, die von wechselnden Zeitströmungen beeinflußt wird. Lagen in der westdeutschen Psychoanalyse beispielsweise bis in die achtziger Jahre Kohuts Selbstpsychologie, Margaret Mahler und Winnicott »im Trend«, so scheinen gegenwärtig die völlig anders strukturierten Theorieansätze von Klein und Bion »in« zu sein. Wissenschaftliche Gründe für diesen Trendwechsel sind nicht auszumachen. Auch domänenbezogene Gründe, etwa ein radikaler Wandel der Patientenpopulation, sind eher unwahrscheinlich, so daß eine soziologische und kulturkritische Untersuchung solcher psychoanalytischen Modeerscheinungen naheliegt. Solange jedoch der einzelne »Theoriekonsument« die Angebote jedes für sich genießt, entstehen keine Probleme. Stellt er jedoch Vergleiche an und will wissen, was nun wirklich als wissenschaftlich begründete Auffassung der Psychoanalyse gelten kann, stellt sich nicht selten eine (mehr oder weniger) milde Verzweiflung ein. Manche Psychoanalytikerinnen und Psychoanalytiker in der Ausbildung beschränken sich in dieser Lage darauf, zur Kenntnis zu nehmen, was die einzelnen »Autoren« zu einem bestimmten Thema ausführen. Auch wohlwollende Laien und Wissenschaftler anderer Disziplinen zeigen bisweilen Anzeichen von Verwirrung. Wir werden im folgenden die These vertreten, daß sich solche Desorientierungseffekte zumindest zum Teil auf einen bisher wenig beachteten »Modellpluralismus« in der vertikalen Dimension zurückführen lassen.

Ein Beispiel aus der Physik kann vielleicht verdeutlichen, was mit der verwirrenden Auswirkung von vertikalem Modellpluralismus gemeint ist. Im Übergang vom Mittelalter zur Neuzeit hat die Physik allmählich die Annahmen des traditionellen ptolemäischen Weltbilds überwunden, in welchem die Erde als eine Scheibe vorgestellt wurde, die sich im Mittelpunkt des Weltalls befindet. Dieses Weltbild besaß und besitzt eine starke suggestive Überzeugungskraft für den Alltagsmenschen. Er fühlt eine feste Plattform unter den Füßen und steht gleichsam im Mittelpunkt der Welt. Die Vorstellung hingegen, daß die Erde eine Kugel sei, läuft dem gesunden Menschenverstand zunächst durchaus entgegen. Sie kann zu Verunsicherung führen und trifft auf emotionale Widerstände. Die Entdeckung des Kopernikus schließlich, daß sich die Sonne nicht um die Erde, sondern die Erde sich um die Sonne dreht, fügte dem »egozentrischen« Weltbild des durchschnittlichen Erdenbewohners eine weitere Erschütterung zu. Während vor allem die Kirche entschlossen bemüht war, die Dezentrierung des geozentrischen Weltbildes zu bekämpfen, hat sich heute jeder Schüler und schon fast jedes Kind an das neue physikalische Weltbild gewöhnt. Die kopernikanische Weltsicht stellt nicht einfach eine beliebige »Alternativhypothese« zur ptolemäischen dar. Ihre Überlegenheit besteht vielmehr darin, die Phänomene, auf die sich das ptolemäische Weltbild gründet, ebenfalls erklären zu können und darüber hinaus noch weitere Beobachtungen, die sich der mittelalterlichen Theorie entziehen oder sich sogar im Widerspruch zu ihr befinden. Über den »Modellpluralismus« von Ptolemäus und Kopernikus ist die Physik seit langem hinaus, da es ihr gelang, die Konkurrenz der Modelle mit rationalen Mitteln zu einer Entscheidung zu bringen. In den Zeiten eines »Paradigmenwechsels«, die Thomas Kuhn untersucht hat (1970), mögen beide Paradigmen zwangsläufig nebeneinander bestehen. Werden jedoch die drängenden Entscheidungsfragen allzu lange offengehalten, so entsteht Verwirrung bei den Vertretern einer Wissenschaft, in der Öffentlichkeit und besonders bei den Lernenden, die oft mit großem persönlichen Einsatz um Orientierung bemüht sind. Man stelle sich beispielsweise die Verwirrung eines heutigen Physikstudenten vor, wenn ihm in seinen Vorlesungen die ptolemäische und die kopernikanische Weltansicht als gleichberechtigte alternative Erklärungshypothesen vermittelt würden, vielleicht noch mit dem zusätzlichen Hinweis, daß sich die ptolemäische Weltsicht eher in der »Landwirtschaft«, die kopernikanische hingegen in der »Raumfahrt« bewähre. In dieser »Lehrmeinung« würde – rhetorisch nicht ungeschickt – ein vertikaler Widerspruch mit einer horizontalen Differenz vermischt, was die Verwirrung unseres hypothetischen Physikstudenten vermutlich noch verstärken dürfte.

In Wirklichkeit befinden sich Ptolemäus und Kopernikus nicht in einer »horizontalen Differenz«, sondern in einem »vertikalen Verhältnis«, das teilweise auf Inklusion, zum Teil auch auf Exklusion beruht. Aus dem kopernikanischen Ansatz kann die ptolemäische Weltsicht als Sonderfall abgeleitet werden, als lebensweltliche Perspektive des Alltagsmenschen, der die Krümmung der Erde nicht wahrnimmt und über keinen visuellen Bezugspunkt verfügt, von dem aus ein Umschwung der Erde um die Sonne vorstellbar wäre. Der Vorteil des kopernikanischen Weltmodells resultiert aus seiner reflexiven Dezentrierung des mittelalterlichen Weltbilds, worin sich dieses als eine in sich konsistente und plausible Vorstufe des modernen erweist. Das mittelalterliche Weltmodell wurde nicht einfach nur »widerlegt« oder »falsifiziert«, sondern ist in der modernen kopernikanischen Sicht dialektisch »aufgehoben« (vgl. Abschnitt 1). Ein solcher Schritt ist historisch letztlich irreversibel. Die Geschichte zeigt jedoch, daß ein neues, »dezentriertes« Paradigma meist nicht widerstandslos akzeptiert wird, sondern um seine Anerkennung zu kämpfen hat. Erkenntnisfortschritte können in Vergessenheit geraten, manchmal über lange Zeit hinweg. Revolutionierende Entdeckungen werden mehrfach gemacht. Sie fordern die bestehende Weltsicht von Grund auf heraus und werden daher zunächst entweder beiseite geschoben, oder es wird versucht, sie in das bestehende Kategoriensystem zu integrieren. Erst allmählich und mit erheblichen Widerständen revolutionieren sich die leitenden Kategorien selbst, ein Vorgang, den Jean Piaget in der kognitiven Entwicklung des Menschen beschrieben hat und den wir mit ihm als Transformation der Kategorien oder auch als »kategoriale Transformation« bezeichnen können.

Nach diesen Überlegungen kehren wir zur einleitenden Frage zurück: Gibt es eine psychoanalytische Theorie oder viele? Die vorläufige Antwort lautet: In der horizontalen Dimension ist eine Vielfalt von Erklärungsansätzen möglich und wünschenswert. Sie sollten möglichst konsequent vernetzt werden mit Konzepten und Forschungsergebnissen aus Psychologie, Psychotherapie und den übrigen Human- und Sozialwissenschaften. In der vertikalen Dimension sollten wir auf Widersprüche zwischen unterschiedlichen Theorien und Modellen in der Psychoanalyse sorgfältiger achten als bisher. Unausgetragene Widersprüche sind hier nicht Ausdruck liberaler Toleranz, sondern führen zu theoretischer Inkonsistenz und zu einer Konfusion letztlich auch in der psychoanalytischen Praxis.

Ist eine Taxonomie psychoanalytischer Stufen der Begriffsbildung möglich?

Der Übergang vom ptolemäischen zum kopernikanischen Weltbild verdankt sich neben systematischer astronomischer Beobachtung einer schrittweisen Überwindung des früheren kognitiven Geozentrismus, der sich in psychologischer Hinsicht ganz natürlich an unseren frühen kognitiven Egozentrismus anschließt. Kognitive Dezentrierungsschritte, wie sie Piaget in seiner »genetischen Epistemologie« untersucht hat, sind immer auch mit affektiven Umbrüchen verbunden. Als die Physiker begannen, das geozentrische Weltbild in Frage zu stellen, entstanden Verunsicherung und Abwehrreaktionen. Abwehr und Wut richteten sich – wie oft – vor allem gegen die Überbringer der Botschaft, die Entdecker neuer Fakten und Erfinder der neuen theoretischen Begrifflichkeit. Fischer (1993) hat in der psychoanalytischen Theorieentwicklung einen vergleichbaren Dezentrierungsprozeß nachgewiesen, der sich in mehreren unterscheidbaren Stufen vollzieht. Die Grundstufe der psychoanalytischen Begrifflichkeit ist naturwissenschaftlich orientiert und objektivierend. Der psychoanalytische Forscher »zergliedert« seinen Gegenstand und sucht ihn so objektiv wie möglich zu beschreiben und zu erklären. Diese sogenannte Grundstufe teilt die Psychoanalyse mit der naturwissenschaftlichen Psychologie und der naturwissenschaftlich ausgerichteten Psychiatrie, aber auch mit anderen, von Freud eingeführten Konzepten wie dem des psychischen Apparates, dem Strukturmodell der Persönlichkeit und vor allem dem Begriff des dynamisch Unbewußten, der in sich selbst schon programmatisch auf eine nachhaltige Dezentrierung unseres Alltagsbewußtseins verweist. Deutlicher als in Psychologie und Psychiatrie hat sich in der Psychoanalyse eine historische Revolution der zunächst objektivistischen Begrifflichkeit durchgesetzt, die besonders durch die Entdeckung der Übertragung in der klinischen Situation und schließlich die Würdigung der Gegenübertragung als eines Erkenntnisinstrumentes zum Ausdruck kommt. Die voll entwickelte, theoretisch begriffene Konsequenz dieser Entdeckungen, die »kategoriale Transformation« der psychoanalytischen Grundstufe, bezeichnet Fischer (a. a. O.) als die Beziehungsstufe der psychoanalytischen Begrifflichkeit.

Ähnlich wie die kopernikanische Wende in der Physik stieß die Ausarbeitung der Beziehungsstufe auf affektive Widerstände, da sie eine Dezentrierung des zunächst objektgerichteten Wissensbestandes der Grundstufe mit sich bringt. Eine wichtige praktische Konsequenz der Beziehungsstufe, die Arbeit mit Übertragung und Gegenübertragung, wird heute von der weit überwiegenden Mehrheit der Psychoanalytiker anerkannt als Grundlage ihrer klinischen Arbeit, wenn auch noch nicht in gleicher Weise als Grundlage der theoretischen Begriffsbildung. Der übersichtlichen Darstellung wegen bezeichnen wir im folgenden die Grundstufe als Stufe 1 und die Beziehungsstufe der psychoanalytischen Theorieentwicklung als Stufe 2. Auf der Beziehungsstufe lassen sich nach Fischer wiederum zwei Substufen unterscheiden, die einer unterschiedlichen Radikalisierung der psychoanalytischen Selbstreflexion entsprechen. Stufe 2 a ist eine Übergangsstufe von 1 zur voll entwickelten Beziehungsstufe 2 b hin, die in sich eine eigene innere Logik aufweist. Parallel zum Übergang von 1 über 2 a zu 2 b rückt die konstitutive Wechselseitigkeit der psychoanalytischen Beobachtungs-, Forschungs- und Therapiebeziehung ins Bewußtsein.

Für die kognitive Struktur der Grundstufe sind Übertragungsphänomene zunächst eine Art »Störvariable«. Der Analytiker, der entdeckt, daß sein »Beobachtungsobjekt« sich innerlich auf ihn einstellt und sich gefühlsmäßig an ihn bindet, wird, wenn er am Weltbild der Grundstufe festhält, mit einer möglichen »Fehlerquelle« seiner Beobachtungen konfrontiert.

Eine erste wichtige Revolution des psychoanalytischen Denkens kam dadurch zustande, daß Freud die Übertragung nicht länger als eine solche Fehlerquelle, sondern als Chance zur Erkenntnisgewinnung, zur systematischen Beobachtung und letztlich auch zur Heilung begriff.

Eine vergleichbare Dezentrierung kristallisiert sich um das Konzept der Gegenübertragung, die auch Freud noch überwiegend als Störvariable und Fehlerquelle betrachtete. Die Arbeit von Paula Heimann (1950) stellt hier den Wendepunkt dar. Und zwar nicht wegen der »Entdeckung« der Gegenübertragung, die als Phänomen schon von Freud ausführlich gewürdigt wurde, sondern vielmehr dadurch, daß auch die Gegenübertragung seither als Erkenntnisinstrument und Erkenntnischance begriffen wird und nicht länger als Fehlerquelle betrachtet werden muß.

Der Erkenntnisgegenstand der Substufe 2 a heißt also Übertragung bzw. das Verhältnis von Übertragung und Gegenübertragung. Auf dieser Stufe ist die Grundstufe der psychoanalytischen Begriffsbildung zumindest teilweise »aufgehoben«, d. h. eliminiert und auf einer höheren Ebene der Begriffsbildung bewahrt. Zugleich ist der Gegenstand nicht mehr als Objekt, sondern als Beziehung zum Objekt und als Beziehung zwischen Beziehungen gefaßt, was für das dialektische Denken charakteristisch ist (vgl. Abschnitt 1). Die Reflexion dieser Beziehungsstufe bleibt jedoch unvollständig, solange noch nicht – im Kantschen Sinne – nach den Bedingungen der Möglichkeit von Übertragung gefragt wird. Mit dieser Frage kommen die Rahmenbedingungen der psychoanalytischen Behandlung, das Setting und vor allem das psychoanalytische Arbeitsbündnis, in den Blick. Für die Forschungsmentalität der Beziehungsstufe 2 a bleibt dieses Arbeitsbündnis außerhalb des Wahrnehmungshorizontes. Übertragung und Gegenübertragung bilden – gestalttheoretisch gesprochen – die »Figur«, das Arbeitsbündnis bleibt der nichtthematische »Grund«, von dem sich die Übertragungsfigurationen abheben. Erst auf Stufe 2 b tritt der Umstand in das Bewußtsein des Forschers, daß die psychoanalytische Arbeitsbeziehung als »Grund« die Konfiguration von Übertragung und Gegenübertragung konstituieren kann. Ein solcher Übergang zu einer höheren Reflexionsstufe läßt sich mit den »Kippfiguren« der Wahrnehmungspsychologie vergleichen. Damit es uns gelingt, eine weitere Figur zu entdecken, müssen wir Figur und Grund vertauschen, die anfänglich gesehene Teilfigur »dezentrieren«, und bemerken so plötzlich, daß auch der bislang als fragloser Hintergrund angenommene Kontext eine sinnvolle Gestaltbildung erlaubt. Die Beziehungsstufe 2 b impliziert in diesem Sinne eine weitere Relativierung und zusätzliche Verunsicherung. Ist die psychoanalytische Gestaltung von Setting und Arbeitsbeziehung einmal als Grund erkannt, der die Konfiguration von Übertragungs- und Gegenübertragungsbeziehung konstituiert, so hat der Relativismus einen neuen Sieg errungen, und manche geheiligte Positionen, die bis dahin fraglose Geltung besaßen, müssen jetzt auf die Wirkung hin untersucht werden, die sie auf die unbewußte Beziehungsstruktur zwischen Analytiker und Analysanden ausüben. Von daher nimmt es nicht wunder, daß nicht wenige Theoretiker und Praktiker den Übergang zur Beziehungsstufe 2 b zu vermeiden suchen und die Phänomene der Reflexionsstufe 2 a, nämlich Übertragung und Gegenübertragung, zum alleinigen Gegenstand der Psychoanalyse erklären, wobei sie die Beziehungsstufe 2 b eben als konstanten und fraglosen Hintergrund voraussetzen. Wir bezeichnen die Mentalität der Beziehungsstufe 2 a als Pantransferentialismus (von gr. pan = alles und engl. transference = Übertragung).

Während die Grundstufe eine naturwissenschaftliche Auffassung von Psychoanalyse vertritt, liegt demgegenüber auf der Beziehungsstufe 2 a ein neuer, grundsätzlich beziehungstheoretisch gefaßter Gegenstand vor, wobei sich Reflexion und thematische Gegenstandsbildung allerdings auf die unbewußten Beziehungsphänomene von Übertragung und Gegenübertragung beschränken. Dagegen kommt auf der Beziehungsstufe 2 b die Tatsache in den Blick, daß der Analytiker mit der Gestaltung des Settings, mit der Art seiner Interventionen und Nicht-Interventionen zwangsläufig auch die wechselseitige Beziehung von Übertragung und Gegenübertragung beeinflußt. Die Reflexionsstufe 2 b erfordert den Rekurs auf die alltäglichen Interaktionsgewohnheiten zwischen Analysand und Analytiker. Erst hier wird deutlich, daß psychoanalytische Praxis und Theorie sich nicht im luftleeren Raum einer Experimentalsituation bewegen, sondern eingebettet sind in Phänomene der alltäglichen Kommunikation, und diese wiederum den Grund bilden, der die psychoanalytischen Beobachtungen möglich macht. Die Umgangssprache wird auf dieser Reflexionsstufe als die letzte Metasprache erkannt und bietet die Instrumente zur psychoanalytischen Metakommunikation, zur Formulierung von Deutungen und gefühlsnahen Bildern oder Metaphern. Dagegen neigt die Mentalität der unvollständigen Beziehungsstufe 2 a zur Entwicklung einer terminologiegeleiteten Kunstsprache. Auch in dieser Hinsicht bleibt die unvollständige Beziehungsreflexion auf der Übergangsstufe 2 a der naturwissenschaftlichen Mentalität der Grundstufe verhaftet, insofern nämlich die volle Wechselseitigkeit der therapeutischen Beziehung dem theoretischen Bewußtsein

noch verborgen bleibt. Übertragung geht in dieser Fassung vom Analysanden aus, während der Analytiker mit seiner »Gegenübertragung« auf das Übertragungsangebot des Analysanden reagiert. Erst auf der voll entfalteten Beziehungsstufe 2 b kommt die bewußte und unbewußte Wechselseitigkeit der analytischen Beziehung in den Blick: der Analytiker bringt seine »Eigenübertragung« (Heuft, 1990; vgl. auch Fischer, 1981) ebenso ein wie der Patient seine Übertragung, und dieser reagiert mit »Gegenübertragung« auf die Eigenübertragung des Analytikers. Die erweiterte Relativität der Beziehungsstufe 2 b läßt sich auch therapeutisch nutzen für eine flexiblere Abstimmung von Setting, Arbeitsbündnis und Übertragungsbeziehung bei einer spezifischen therapeutischen Ausgangslage. Dieses Prinzip wurde von Fischer (1989, 1996) formuliert als das einer »optimalen Differenz« zwischen Arbeitsbündnis und Übertragungsbeziehung in der psychoanalytischen Behandlung. Produktive Veränderungen treten ein, wenn sich das psychoanalytische Arbeitsbündnis (auf der Grundlage des gewählten Behandlungssettings) in einem subjektiv »optimalen« Wahrnehmungskontrast zu jener pathogenen Vorerfahrung befindet, die der Patient mit seinem Übertragungsangebot unbewußt in die therapeutische Situation einbringt. Setting und analytisches Arbeitsbündnis sind damit nicht länger fixe Größen, der fraglose Hintergrund, von dem sich Übertragung und Gegenübertragung »natürlicherweise« abheben, sondern treten selbst in eine variable, veränderungsfördernde Beziehung zum Übertragungsangebot des Patienten. An Zweittherapien nach sexuellem Mißbrauch in einer vorausgegangenen Psychotherapie läßt sich das Prinzip der »optimalen Differenz« von Arbeitsbündnis und Übertragungsbeziehung besonders deutlich belegen. Über den Mißbrauch des therapeutischen Settings durch den Ersttherapeuten sind die Komponenten des psychoanalytischen Verfahrens kontaminiert und mit Übertragungselementen verwoben. Eine Folgetherapie muß daher so angelegt werden, daß sowohl das Setting wie die analytische Arbeitsweise in optimalen Kontrast zur pathogenen Vorerfahrung treten (zu Einzelheiten der Beziehungsgestaltung vgl. Becker-Fischer & Fischer, 1996).
Zweifellos ist mit der Beziehungsstufe 2 b die Reflexion der psy-

choanalytischen Arbeitsbedingungen nicht abgeschlossen. Auf einer hypothetischen Stufe 3 wären das psychoanalytische Setting und die analytische Arbeitsweise im Kontext gesellschaftlich-historischer Prozesse zu reflektieren und zu relativieren. Dabei muß diese Reflexion ihrerseits an die Relativität zwischen Übertragungsbeziehung und Arbeitsbündnis anschließen, die für die Beziehungsgestaltung der Reflexionsstufe 2 b charakteristisch ist, und sollte diese Konstellation aus der Analyse gesellschaftlicher Prozesse, etwa sozialer Traumatisierung, heraus analysieren. Hier liegen derzeit nur erste Ansätze vor.

Abschließend soll noch einmal auf die besondere Problematik der »Übergangsstufen« am Beispiel von 2 a aufmerksam gemacht werden. Wegen der noch unvollständigen Transformation des Grundparadigmas führen sie nicht selten zu Double-bind-Konstellationen, die sich mit der Ambivalenz zwischen ptolemäischem und kopernikanischem Weltbild vergleichen lassen. So reflektiert und relativiert die Beziehungsstufe 2 a einerseits den objektivistischen Rahmen der Grundstufe, hält aber andererseits terminologisch an der einseitigen Beobachtungshaltung fest: der Patient »überträgt«. Da noch keine neue, der Beziehungsstufe angemessene Form der Objektivierung gefunden wurde, läuft der Pantransferentialismus in besonderem Maße Gefahr, eine relativistische Beziehungstheorie mit willkürlichen Interventionen und Deutungen zu verbinden.

Kategoriale Transformation

Piaget hat in seiner genetischen Erkenntnistheorie die reflexiven Operationen untersucht, mit denen sich Kinder von einem kognitiven Niveau zum nächsthöheren vorarbeiten. Zunächst wird versucht, die Verhältnisse der höheren mit den kognitiven Mitteln der gegenwärtigen Stufe zu begreifen. Das »transformationskritische Konzept« wird auf die Ausgangsstufe zurückgebogen. Dies kommt in der Psychoanalyse beispielsweise in der Ambivalenz zum Ausdruck, die der Begriff der »Objektbeziehung« in den Theorien von Melanie Klein und Bion annimmt. Hier wird der Begriff der Beziehung nicht als konstitutiv für den Gegenstand und die analytische Objekterkenntnis gefaßt, sondern als Anhängsel der naturwissenschaftlich gefaßten Monade entsprechend dem kognitiven Modell der psychoanalytischen Grundstufe. Entsprechend »projiziert« und »introjiziert« die Monade ihre »Objektbeziehungen« gleichsam im Vakuum eines Laborexperimentes, ohne daß die »kopernikanische Revolution« der Beziehungsstufe vollzogen und begriffen wird, daß nicht das Individuum seine Beziehungen gewissermaßen ex nihilo erschafft, sondern sich in Beziehungen und durch Beziehungen nach Gesetzmäßigkeiten konstituiert, die dialektisch sowohl von »außen« wie auch von »innen« zu verstehen sind. Die beziehungstheoretische Reformulierung der psychoanalytischen Grundstufe wird umgangen, und gleichzeitig versucht man doch, sich das Feld der intersubjektiven Beziehungen, die erst auf Theoriestufe 2 b angemessen thematisiert werden können, theoretisch und therapeutisch anzueignen.

Diesem regressiven Ausweichen vor einer »kategorialen Transformation« der Grundstufe steht die unvollständige Reflexion der Beziehungsstufe 2 a gegenüber mit ihrem Relativismus der therapeutischen Beziehung und dogmatischen Begrenzung intersubjektiver Wechselseitigkeit. Die Herstellung von »Reversibilität«, die Umkehrbarkeit kognitiver Operationen, ist bei Piaget Kennzeichen eines gelungenen Stufenübergangs. Dieses Kriterium wird auf der Stufe 2 a verfehlt. Wie stellt sich demgegenüber eine vollständige Transformation, die dialektische »Aufhebung« einer kognitiven Stufe oder, wie Piaget sagt, eines kognitiven »Regimes« dar?

Zunächst muß eine neue, der transformationskritischen Erfahrung angemessene Begrifflichkeit gebildet werden. Piaget bezeichnet diesen Vorgang als »proaktive Reflexion«. Die Psychoanalyse muß also eine genuin beziehungstheoretische Begrifflichkeit entwerfen, die dem konstitutiven Charakter der therapeutischen Beziehung für die beobachteten Phänomene Rechnung trägt. Mit den Arbeiten von Balint, Sullivan, Winnicott und Bowlby, der modernen Selbstpsychologie oder der dialektisch-beziehungstheoretischen Fassung bei Bauriedl hat die psychoanalytische Bewegung eindrucksvolle Beiträge vorzuweisen. Zwei Schritte der theoretischen Arbeit stehen aber noch aus: die Entwicklung einer kohärenten psychoanalytischen Theorie der Intersubjektivität, die der Beziehungsstufe 2 b entspricht, und die reflexive Aufarbeitung der

Grundstufe im Sinne ihrer dialektischen »Aufhebung«. Diese kognitive Arbeit bezeichnet Piaget als »retroaktive Reflexion«: der gesamte Wissensbestand der Grundstufe muß rückwirkend in die neue kognitive Struktur eingearbeitet werden. Erst dann ist die Aufhebung der Grundstufe vollständig gelungen. Lacan hat mit seiner »Rückkehr zu Freud« zumindest ansatzweise diese dialektische Bewegung vollzogen und zugleich interessante Aspekte einer psychoanalytischen Theorie der Intersubjektivität entwickelt. Auch Sartres Beiträge sollten für eine psychoanalytische Theorie der Intersubjektivität berücksichtigt werden. Die vollständige konzeptuelle Transformation der psychoanalytischen Grundstufe steht aber gegenwärtig wohl noch aus. Sie muß sowohl begrifflich als auch empirisch geleistet werden – über systematisierte klinische Empirie, durch korrelative naturalistische Feldstudien und kontrollierte experimentelle Beobachtungsmethoden.

Am Beispiel des kopernikanischen Weltbilds stellen sich die Leistungen kategorialer Transformation und retroaktiver Reflexion folgendermaßen dar: Die neue Theorie muß ihre Überlegenheit einmal dadurch beweisen, daß sie eine neue vollständigere und realitätsgerechtere Weltsicht und Terminologie entwirft. Sie muß die zutreffenden Erkenntnisse der früheren Theorie integrieren, sie im neuen Bezugsrahmen erklären und zudem noch verständlich machen, an welchen Erkenntnisgrenzen die Fortentwicklung der früheren Theorie bislang gescheitert war. Mit der Berechnung der Erdkrümmung konnte die kopernikanische Sicht beispielsweise nachweisen, daß die mittelalterliche Welterklärung einer in sich allerdings notwendigen Täuschung entsprach: Die Krümmung ist mit bloßem Auge nicht wahrnehmbar und kann allenfalls aus Horizontphänomenen wie etwa beim Blick auf das Meer geschlossen werden.

Eine kategoriale Transformation oder dialektische »Aufhebung« der psychoanalytischen Grundstufe, die dem Reflexionsniveau der Beziehungsstufe 2 b entspricht und die verschiedenen Gesichtspunkte der psychoanalytischen Metapsychologie angemessen berücksichtigt, ist gegenwärtig noch nicht absehbar. Sie muß den wichtigsten Aspekten der psychoanalytischen Metapsychologie Rechnung tragen: dem topischen, genetischen, strukturellen, adaptiven und vor allem dem dynamischen Gesichtspunkt und diese entweder auf beziehungstheoretischem Niveau formulieren oder aber zeigen, inwiefern die metapsychologischen Theoreme der Grundstufe einer möglicherweise historisch bedingten Restriktion oder Deformation intersubjektiver Beziehungen entsprechen. Hier liegt eine große theoretische Aufgabe noch vor uns. Auf dem Wege dahin kann es jedoch nützlich sein, einige Merkmale der bereits vorhandenen Reflexionsstufen und Theoriegestalten festzuhalten.

Eine Heuristik zur »vertikalen« Beurteilung psychoanalytischer Theorieansätze

Für die theoretische und letztlich auch praktische Orientierung zwischen den unterschiedlichen psychoanalytischen Theorieansätzen kann es nützlich sein, über eine Heuristik zu verfügen, die eine differenzierte Beurteilung erlaubt. Zunächst sollte versucht werden, Differenzen zwischen psychoanalytischen Paradigmen auf horizontaler Ebene von solchen auf vertikaler Ebene zu unterscheiden. Das fällt nicht immer leicht, denn bisweilen werden vertikale Differenzen mit einer »horizontalen« Begründung versehen, z.B. mit der Notwendigkeit zur Untersuchung sehr »früher« Störungen und Erlebnisse. Hinter dem »domänebezogenen« Argument verbirgt sich bisweilen die Tendenz, an einer überholten Begrifflichkeit festzuhalten, die angeblich von den »primitiven« Phänomenen erfordert werde, wie etwa dem sogenannten »psychotischen« Erleben. Tatsächlich lassen sich diese Phänomene durch eine primitive Begrifflichkeit, die eine Art von Mimikry an das Phänomen betreibt, gar nicht begreifen, sondern erfordern eine Komplexität der Darstellung, die nur von einer höheren konzeptuellen Ebene, z.B. der Beziehungsstufe oder einem psychotraumatologischen Ansatz aus, möglich ist.

Sicher läßt sich das Werk psychoanalytischer Autoren nur selten einer der Begriffsstufen oder Substufen vollständig zuordnen. Die Einteilung hat idealtypischen Charakter und muß hinsichtlich verschiedener Teilaspekte differenziert werden. Insbesondere das Freudsche Werk erlaubt keine einfache Zuordnung. Schon die frühen psychoanalytischen Überlegungen bewegen sich bei Freud nicht auf einer naiv-realistischen Objektstufe, sondern sind beziehungstheoretisch und subjekttheoretisch reflektiert auf dem Niveau der Kantschen Erkenntnistheorie (vgl. Adorno, 1972 b). Es kann jedoch ein faszinierendes psychoanalysehistorisches Forschungsunternehmen sein, die unterschiedlichen Phasen der Freudschen Begriffsbildung auch unter Gesichtspunkten der folgenden Heuristik durchzusehen.

Klein (1995) hat einige Kategorien zusammengestellt, die sich für eine diskriminierende Untersuchung psychoanalytischer Theoriebildung eignen. Es handelt sich um folgende Theoriebereiche bzw. Konzepte: Arbeitsbündnis bzw. therapeutischer Rahmen; Gegenübertragung: Konzepte zur Wechselseitigkeit in der Analytiker-Analysand-Beziehung; kognitive Kompetenz des Patienten – wird dieser als Mittheoretiker/-forscher gesehen oder eher als Objekt psychoanalytischer Aufklärung? –; kognitive Fundierung der theoretischen Konstrukte, etwa auch der motivationalen; Bedeutung der individuellen Lebensgeschichte; Rolle der Umwelt im jeweiligen Theorieansatz (ökologischer Aspekt); Differenzierungen der Behandlungstechnik.

Nach diesen Einteilungskriterien werden im folgenden differenzierende Merkmale zwischen den Reflexionsstufen der psychoanalytischen Begrifflichkeit aufgezeigt.

1) Arbeitsbündnis/therapeutischer Rahmen, in dem sich Konstellationen von Übertragung und Gegenübertragung entfalten können. Dieses Thema ist auf der naturwissenschaftlich gedachten Grundstufe nicht thematisch. Auf der Beziehungsstufe 2 a ist die Ausklammerung dieses Gesichtspunktes konstitutiv für die charakteristische Verabsolutierung und Verallgemeinerung der Übertragungs-/Gegenübertragungskonstellation.

Auf Stufe 2 b werden die Phänomene von 2 a relativ zum therapeutischen Rahmen gesehen, etwa im Sinne einer »optimalen Differenz« zwischen Arbeitsbündnis und Übertragungsbeziehung. Andererseits wird auch der therapeutische Rahmen »dezentriert« betrachtet: so wie er sich für den Patienten im Kontext seiner Alltagskommunikation darstellt.

2) Gegenübertragungsphänomene können auch auf der Grundstufe berücksichtigt werden. Sie werden aber nicht als konstitutiv für den psychoanalytischen Erkenntnisprozeß angesehen. Allerdings bleibt das Verständnis von Gegenübertragung eher in einer reaktiven Sichtweise verhaftet: der Analytiker antwortet mit seiner Gegenübertragung unbewußt auf das Übertragungsangebot des Analysanden und bleibt insofern wesentlich reaktiv. Die Wirkungen des Analytikers oder des therapeutischen Rahmens auf die analytische Situation sind nicht konzeptualisiert. Da auf der Übergangsstufe 2 a alles als Übertragung gesehen wird, fehlen Kriterien, an denen sich Übertragung als Übertragung erkennen läßt. Diese bietet die Theoriestruktur der Stufe 2 b. Sie bemüht sich gleichzeitig, Konzepte für den aktiven Eigenanteil des Analytikers im Übertragungsgeschehen zu schaffen, die dem Aufbau eines produktiven Arbeitsbündnisses hinderlich oder auch förderlich sein können. Ein Beispiel ist das Konzept der »Eigenübertragung«.

3) Übertragungsphänomene werden auf der Grundstufe als intrapsychisch bedingte Prozesse verstanden, die der Analytiker durch seine Deutung bearbeitet. Auf Stufe 2 a stellen sie den gesamten Erkenntnisstand, zugleich »Form und Inhalt« psychoanalytischer Erkenntnis dar (Loch, 1972, S. 180). Als Therapieform ergibt sich die »Nur-Übertragungs-Analyse« mit der Gefahr, den Analysanden oder auch die analytische Dyade aller Außenkriterien zu berauben und in eine »folie-à-deux« (= Wahnsinn zu zweit) zu verfallen. Theoretiker der Beziehungsstufe 2 b sind hingegen bemüht, ein produktives gegenläufiges Beziehungsmodell zur Übertragung zu formulieren, das die Übertragungsbeziehung als solche relativiert und zugleich zu ihrer therapeutischen Transformation beitragen kann.

4) Wechselseitigkeit in der therapeutischen Beziehung. Theoretiker der Grundstufe sind objektivistisch unmittelbar auf ihren Gegenstand konzentriert. Therapeutische Veränderungen und Entwicklungen schreiben sie nicht der Beziehung zu, sondern verstehen sie als direkte Auswirkung ihrer jeweiligen therapeutischen »Technik«, als eine Form der »Bearbeitung« des Gegenstandes.

Eine begrenzte Wechselseitigkeit wird dagegen auf der pantransferiantialistischen Stufe 2 a anerkannt. Jene Einflüsse allerdings, die der Analytiker durch die Bedingungen des Settings einbringt, bleiben außerhalb des Reflexionsradius. Stufe-2 b-Analytiker sind hingegen bemüht, Konzepte zu formulieren sowohl für die Wechselwirkung zwischen Rahmenbedingungen und Prozeßphänomenen als auch für die interpersonelle Wechselseitigkeit von Analytiker und Analysand.

5) Die kognitive Kompetenz des Patienten ist relativ zu den anderen Stufen für Theoretiker der Stufe 2 b am wichtigsten, da hier der Patient ausdrücklich als Kooperationspartner, als Mitforscher in das gemeinsame therapeutische Unternehmen einbezogen wird. Sie betonen dementsprechend Konzepte wie Coping, Mastery (Bewältigung) und Kompetenz bzw. Kompetenzerwerb. Auf Stufe 2 a werden diese Konzepte eher vernachlässigt zugunsten motivationaler Faktoren und ihrer therapeutischen Auflösung. Auf der Grundstufe werden die kognitiven Faktoren ausschließlich in strukturelle Begriffe gefaßt, z. B. als bestimmte strukturelle Funktionen oder »Positionen« des Patienten, die nicht im engeren Sinne als »kognitiv«, erkenntnisgeleitet bezeichnet werden können, da sie nicht im ökologischen Sinne aus der Interaktion mit bestimmten Umweltbedingungen heraus verstanden werden.

6) Die Lebensgeschichte wird auf der Grundstufe vernachlässigt zugunsten theoretisch immer schon bekannter struktureller Reaktionstendenzen oder intrapsychischer Dispositionen (wie etwa die »paranoide« oder »depressive Position« bei Melanie Klein). Innerhalb der Transferenz-Stufe (2 a) wird die individuelle Lebensgeschichte bedeutsam als Entstehungshintergrund für individuelle Übertragungsmuster. Mit Stufe 2 b kann die kognitive und emotionale Vorgeschichte auch zum therapeutischen Rahmen und zur angewandten Technik in Beziehung gesetzt werden. Übertragungsmuster werden – anders als auf der relativistischen Übergangsstufe 2 a – als Antwort auf reale Bedingungen der Lebensgeschichte, z. B. als Bewältigungsversuch psychotraumatischer Erlebniskonstellationen, verstanden.

7) Der ökologische, umwelttheoretische Aspekt ist für die Grundstufe weitgehend irrelevant, da der theoretische Gegenstand vor allem intrapsychisch-strukturell aufgefaßt wird. Auch hier ist die Umweltbeziehung lediglich der »Anlaß« zur Ausbildung der eigentlich interessierenden intrapsychischen Konfliktkonstellationen. Auch für die 2 a-Stufe ist die ökologische Perspektive relativ irrelevant, da die therapeutische Veränderung vor allem oder sogar ausschließlich von der Übertragungsanalyse erwartet wird. Relevant ist sie hingegen für die Theoriestruktur der 2 b-Stufe. Hier wird die Patientin/Analysandin in ihrem intelligenten Weltbezug konzipiert, was die Berücksichtigung der individuellen Umweltbeziehung erfordert. Vor allem im psychotraumatologischen Ansatz werden psychische »Störungen« als eine normale Reaktion auf »gestörte«, pathogene Umweltfaktoren aufgefaßt.

8) Die therapeutisch-technischen Vorstellungen der Grundstufe sind intrapsychistisch-objektivierend ausgerichtet. Da die Beziehungsstufe 2 b unberücksichtigt bleibt und die Wirkung der Technik selbst nicht mehr vom umgangssprachlichen Kontext her relativiert werden kann, ergibt sich eine Tendenz zur Verwendung von Kunstsprache und technischen Begriffen auch innerhalb der Therapie, wie sie bei manchen Kleinianischen Analytikern zu beobachten ist. Das therapietechnische Interesse der Stufe 2 a beschränkt sich auf Ausarbeitung und Verfeinerung der Übertragungsanalyse. Die der Stufe 2 b entsprechende Technik verfährt umgangssprachlich-phänomenologisch. Kunstwörter werden vermieden, um gleichberechtigte Erkenntnisvoraussetzungen zwischen Analytiker und Analysand zu erhalten bzw. zu schaffen. Die therapeutische Wirkung der Analyse wird aus Beziehungskonstellationen heraus begriffen. Die einzelnen technischen Parameter sind damit nicht bedeutungslos, werden aber auf den Beziehungskontext hin relativiert. Ein Beispiel ist Winnicotts Relativierung der psychoanalytischen Deutetechnik als solcher aus einem beziehungstheoretischen Verständnis der Psychoanalyse heraus.

Die hier vorgelegte Taxonomie kann die Arbeit kategorialer Transformation erleichtern auf eine explizit dialektische und beziehungstheoretisch reflektierte Theoriegestalt der Psychoanalyse hin.

Sie sollte aber nicht im Sinne eines linearen »Fortschrittsmodells« verstanden werden. Sehr wahrscheinlich sind in der Terminologie der Grundstufe oder auf der relativistischen Beziehungsstufe viele inhaltliche Erkenntnisse formuliert, die in die entwickelte Beziehungsstufe bisher noch nicht eingegangen sind. Für die Fortentwicklung der psychoanalytischen Wissenschaft ergibt sich daraus die Aufgabe, wertvolle inhaltliche Erkenntnisse und klinische Beobachtungen in die jeweils fortgeschrittensten Konzepte einer beziehungstheoretisch reflektierten und explizit dialektischen Psychoanalyse zu integrieren.

3 Unterwegs zu methodischer Autonomie »Veränderungswissen«: die Rekonstruktion lebensgeschichtlicher Beziehungserfahrungen[5]

Die Dekonstruktion des Übertragungsschemas leitet einen Vorgang ein, der sich zirkulär zugleich auf die Zukunft und die Vergangenheit bezieht: Durch den zukunftsbezogenen Konstruktionsprozeß oder neuen Entwurf hindurch wirkt er auf die Vergangenheitserfahrung und umgekehrt. Beide Phasen des reflexiven Veränderungsvorgangs lassen sich nur künstlich voneinander trennen. Erst im Licht einer Veränderungsmöglichkeit wird die bis dahin verschlossene Vergangenheit erkannt. Und nur die erinnernde Erkenntnis der Vergangenheit, die immer auch ein Abschied von ihr ist, der »Trauerarbeit« verlangt (Freud, 1917 e), eröffnet den Weg in die Zukunft. In diesem konstruktiv-rekonstruktiven Zirkel wird ein Typus von Wissen erworben, den ich als »Veränderungswissen« bezeichne. Es ist m. E. der zentrale wissenschaftliche Erkenntnistypus der dialektisch verstandenen Psychoanalyse.

Den Ausdruck »Veränderungswissen« oder »Änderungswissen« hat der Verhaltenstheoretiker Kaminsky geprägt (1970), um damit das technische »Know-how« des Verhaltenstherapeuten zu bezeichnen, also sein Wissen darüber, wie sich bei Personen oder sozialen Systemen Veränderung »induzieren« läßt. Thomä und Kächele (1985, S. 372 ff.) übertragen ihn auf die »technologischen« Kenntnisse des Psychoanalytikers. Hierin liegt m. E. eine von der Sache her nicht gerechtfertigte doppelte Einseitigkeit. Zunächst scheint es mir nicht sehr glücklich zu sein, diese Art von Wissen auf den Therapeuten zu beschränken, da all seinem »Änderungwis-

---

5 Aus: G. Fischer (1996): Dialektik der Veränderung, S. 103–115. Mit freundlicher Genehmigung des Asanger-Verlages.

sen« ohne die Selbstbeobachtung und die konstruktiv-rekonstruktive Tätigkeit des Patienten der Boden entzogen wäre. Zum andern dürfte eine formalistische Trennung von Gegenstand und Methode gerade den psychoanalytisch gestützten Veränderungsvorgang tendenziell unmöglich machen. Psychoanalytische Praxeologie würde auf ein Arsenal von »Techniken« reduziert, das sich von dem sogenannter »eklektischer« Therapien und ihrer technischen Manualen (etwa Linden & Hautzinger, 1981) nicht länger qualitativ unterschiede. Zwar besteht im psychoanalytischen Veränderungsprozeß eine Aufmerksamkeitsdifferenz zwischen Analytiker und Analysand. Ersterer wird sich verstärkt auf formale Aspekte des Veränderungsvorgangs konzentrieren (etwa auf den Umgang mit Übertragung, Abwehr und Widerstand), während für den Patienten eher die inhaltliche Seite im Mittelpunkt steht. Das rechtfertigt aber keine formalistische Verselbständigung von »Änderungswissen«, da Form und Inhalt des Veränderungsvorgangs in der Praxis stets aufeinander bezogen sind: »Abwehr« beispielsweise richtet sich immer gegen konkrete, lebensgeschichtlich bestimmte Inhalte und wird nur in der Beziehung auf sie als solche überhaupt erkennbar. Daher bevorzuge ich den Terminus »Veränderungswissen« anstelle von »Änderungswissen«, um die praxeologischen Kenntnisse des Analytikers zu bezeichnen und dabei zugleich den Gegenstand dieses Wissens einzuschließen. Hiermit möchte ich weiterhin auch dem zwischen Aktivum und Passivum gelegenen »medialen« Status von Veränderungsvorgängen beim Analysanden Rechnung tragen.

Veränderungswissen erwirbt der Patient in dem Maße, wie ihm eine unbegreifliche, weil »selbstverständliche« eigene Haltung in der Dekonstruktionsphase als »problematisch« erscheint. Erst wenn er im Lichte alternativer Handlungsmöglichkeiten sich reflektierend auf den Ausgangszustand zurückwendet, der bis dahin den unbefragten Horizont seiner Erfahrung bildete, kann dieser ihm schrittweise auch in seiner Genese durchsichtig werden. Aus diesem Grund müssen rekonstruktive oder auch Übertragungsdeutungen unwirksam bleiben oder können allenfalls eine organisierende, »klarifizierende« Wirkung entfalten, solange der Analysand nicht, zumindest ansatzweise, zur Konstruktion übergeht.

Bei Versuchen, ein Erlebnis-/Verhaltensmuster metakommunikativ zu deuten, das aus affektiven Gründen für den Patienten vorerst die Form oder den Horizont seines Erlebens bildet, ist regelmäßig zu beobachten, daß dieser die Deutung zunächst in den Bezugsrahmen des dynamisch wirksamen Schemas einordnet, weil er außerstande ist, sie als eine Äußerung über diesen Rahmen zu verstehen. Ein Beispiel aus der 70. Sitzung mit einer etwa 30jährigen Patientin, die zu depressiven Selbstanklagen neigt, soll das verdeutlichen. Der Analytiker hatte die Patientin schon häufiger auf ihre Tendenz aufmerksam gemacht, alle Ergebnisse ihrer Selbstbeobachtung zur Selbstanklage zu verwenden. So berichtet die Patientin zu Anfang der betreffenden Sitzung, diese Bemerkung des Analytikers habe ihr in der Zwischenzeit sehr zu denken gegeben. Sie finde, daß er eigentlich recht habe und daß sie sich tatsächlich ständig anklage: Es sei einfach schrecklich mit ihr. Diesen Fehler habe sie bislang noch gar nicht so deutlich wahrgenommen. Jetzt wisse sie erst, wie schwierig sie wirklich sei usf. Der Analytiker macht die Patientin darauf aufmerksam, daß sie jetzt im Augenblick auch wieder eine Selbsterkenntnis zur Selbstanklage verwende, als könne sie nicht ertragen, sich einmal Ruhe zu gönnen und sich wohl zu fühlen. In der folgenden Sitzung hat die Patientin auch die Erkenntnis, daß sie sich nicht in Ruhe lassen könne, in ihr Selbstanklage-Schema eingebaut und macht sich ebendeswegen heftige Vorwürfe. Erst nach einigen weiteren Sitzungen gelingt es ihr ansatzweise, Form und Inhalt ihres Verhaltens aufeinander zu beziehen, und sie beginnt, sich über ihre zwanghaften Selbstanklagen zu wundern.

In ichpsychologischer Formulierung kann man sagen, daß es dem Therapeuten erst nach vielfältigen Deutungsbemühungen gelingt, das Verhaltensschema der Patientin ansatzweise »ich-dyston« werden zu lassen. Zunächst aber kann die Patientin alle Äußerungen über das Schema nur innerhalb seines Rahmens verstehen, in der in dieser Untersuchung verwendeten Terminologie: Anstatt als dialektische Negation, die sich selbst negiert, benutzt sie die Deutung des Analytikers zur Bereicherung ihres selbstnegatorischen Repertoires. Konfliktbedingte Schemata haben die Tendenz, beinahe jede falsifizierende Beobachtung in eine Bestätigung zu verwandeln.

Als die Patientin schließlich eine erste Distanz zu ihrem selbstverneinenden Verhalten gewann, fiel ihr die Parallele zur depressiven Selbstverleugnung ihrer Mutter ein, worüber sie sich als Jugendliche oft geärgert hatte. Die zwanghafte und ambivalente Identifikation der Patientin mit ihrer Mutter hatte einen lebensgeschichtlichen Hintergrund, den ich hier nicht darstellen kann. Ebensowenig kann ich auf den Übertragungsaspekt dieser Episode eingehen. Hingegen scheint sie mir geeignet, den Widerstand gegen einen »Stufenübergang« zu verdeutlichen, worin die bisher fraglos unterstellte Form des Schemas zum Inhalt einer neuen Reflexions- und Entwicklungsstufe wird. Gelingt schließlich diese Dekonstruktion, so wird mit der konstruktiven Distanz zum Schema auch die rekonstruktive Frage nach seiner Genese und den früheren Objektbeziehungen aktuell – ein in diesem Fall kleiner und mühsam erworbener Veränderungsschritt.

Man hat der Psychoanalyse häufiger den Vorwurf einer einseitigen Vergangenheitsorientierung gemacht, ihr eine therapeutisch wenig förderliche »backward-look-attitude« vorgehalten. Kritiker stützen sich hierbei gerne auf Freuds Vergleich zwischen der analytischen Rekonstruktions- oder auch Konstruktionsarbeit und der Tätigkeit des Archäologen (1937 d). Solche Vorwürfe sind nur berechtigt gegenüber einem Verständnis von Psychoanalyse, das die »Rekonstruktion« aus ihrer dialektischen Verbindung mit Dekonstruktion und Reorganisation der Übertragungsschemata löst. Es mag einzelne Analytiker gegeben haben, die sich dieses Zusammenhangs nicht immer bewußt waren und die in theoretischen Abhandlungen die Erhellung der Vergangenheit nicht als dialektisches Moment des Veränderungsprozesses, sondern als dessen »Ursache« dargestellt haben. Dem »dialektischen Zug des psychoanalytischen Denkens« (Schraml, 1963; Fischer, 1986 b) ist eine solche Vorstellung fremd. Auch Freud weist auf die Grenzen seines Archäologenvergleichs hin, wenn er betont, der Analytiker »arbeite unter günstigeren Verhältnissen als der Archäolog, weil er auch über Material verfügt, zu dem die Ausgrabungen kein Gegenstück bringen können, z. B. die Wiederholungen von aus der Frühzeit stammenden Reaktionen und alles, was durch die Übertragung an solchen Wiederholungen aufgezeigt wird« (S. 46). Über den von

Freud hergestellten Bezug zur therapeutischen Gegenwart hinaus kann man beim Archäologenvergleich auch nach den wissenschaftlichen Motiven des Forschers fragen, die sich ja nicht in einer rein kontemplativen Beschäftigung mit Vergangenem erschöpfen müssen. Vielmehr leistet die Archäologie einen Beitrag zum Verständnis der gesellschaftlichen Entwicklung des Menschen, darin der Geschichtsforschung vergleichbar, welche sich aus diesem Grunde ganz besonders zum Vergleich mit der analytischen Rekonstruktionsarbeit anbietet.

In einer Parallele zwischen analytischer Rekonstruktion der individuellen und historischer Rekonstruktion der kollektiven Vergangenheit hat Wyatt (1963) die dialektische Zeitstruktur von individueller und kollektiver Geschichte sehr pointiert formuliert und die geschichtliche Forschung ebenfalls als Veränderungsforschung umrissen: »One might say that history, qua history, does not really exist when it occurs. The purpose of history writing is to grasp and describe changes in human affairs. It traces an event from the origins, or causes, through its gradual unfolding, until such an event has run its course and has been taken over and incorporated by other events« (S. 308/309). Wann immer der Geschichtsschreiber nicht nur Fakten aufzeigt, sondern sie in ihrer Bedeutung zu begreifen sucht, ist er als Interpret selbst in den geschichtlichen Veränderungsprozeß einbezogen, auch wenn er ihn ohne subjektive Zutat zu berichten glaubt. So ist auch das geschichtliche Wissen wesentlich Veränderungwissen und der Geschichtsschreiber selbst ein Moment der ihm vermeintlich nur gegenständlichen Prozesse.

Der Inhalt des im Verlauf einer psychoanalytischen Behandlung erworbenen Veränderungswissens ist zunächst die jeweils aktuelle Konstellation der therapeutischen Beziehung und die bewußte und unbewußte Haltung von Analytiker und Patient, die in ihr zum Ausdruck kommt. Will man über die bloße Deskription hinaus wissen, was ein bestimmter, sich regelhaft wiederholender Erlebniszustand des Analysanden, etwa ein zwanghaft wiederkehrendes Verhaltensmuster eigentlich »bedeutet«, so ist diese Frage von sich aus schon auf den Bezugsrahmen von Veränderungswissen angelegt, nach dem Motto: »If you want to understand something, try to change it« (zit. nach Bronfenbrenner, 1977, S. 284). Erst im Zuge von Dekonstruktion und Konstruktion können Analytiker und Analysand die Bedeutung eines repetitiven Handlungs- und Erlebnismusters verstehen und damit zugleich auch Aspekte seiner Genese – ein Vorgang, der sich im Laufe einer analytischen Behandlung schrittweise erweitert und vertieft. Hierbei wird leicht übersehen, daß der Analytiker aus seiner anamnestischen Kenntnis biographischer Daten und seinem theoretischen Wissen über den Zusammenhang von lebensgeschichtlichen Ereignissen und Persönlichkeitsbildung allenfalls grobe Hypothesen ableiten kann, die als »Veränderungswissen« im analytischen Prozeß erst ihre »Validierung«, ihre »Bewährung« finden. Ein abgeschlossenes, vollständiges und in diesem Sinne »objektives« Wissen von der Vergangenheit kann es nicht geben, da jeder in die Zukunft gerichtete Entwicklungsschritt auch die Vergangenheit in neuem Licht erscheinen läßt. Aus dieser dialektischen Struktur des Zeiterlebens wird jedoch bisweilen ein relativistischer Fehlschluß gezogen. So pflegen manche Analytiker einen generellen Skeptizismus bezüglich anamnestischer Mitteilungen der Analysanden. Sie können sich dabei zwar auf die Beobachtung berufen, daß lebensgeschichtliche Ereignisse im Verlaufe des analytischen Prozesses mit jedem Veränderungsschritt immer wieder reinterpretiert werden, d. h., daß das Wissen um sie eben den Status von Veränderungswissen hat. Daraus folgt aber keineswegs eine generelle »Unerkennbarkeit« lebensgeschichtlicher Ereignisse in ihrer Relevanz für die Persönlichkeitsentwicklung. Vertreter dieser skeptizistischen Position argumentieren gern mit dem Hinweis, daß die analytischen Rekonstruktionen überwiegend theoriegeleitet seien und der Patient, notfalls durch Suggestionseffekte, dazu gebracht werde, ihnen zuzustimmen. Schon Freud hielt dem entgegen, daß die Gefahr, dem Patienten bei der Rekonstruktionsarbeit etwas einzureden, »sicherlich maßlos übertrieben worden« sei (1937 d, S. 48 f.). Oft ist es gar nicht besonders schwierig, objektive Informationen über lebensgeschichtliche Ereignisse zu erhalten. Die Daten ihrer Familiengeschichte einschließlich dynamisch bedeutsamer Lebensereignisse können Patienten nicht selten genau und zuverlässig berichten. Über fremdanamnestische Angaben oder Informationen der Krankenakte lassen sich diese Angaben notfalls ohne große Schwierigkeit überprüfen. Wie in jedem lebensgeschichtlichen Forschungsinterview erhöht sich die Verläßlichkeit dieser Angaben, wenn der Interviewer die aktuelle Erzählsituation und die besondere Interessenlage des Patienten bei der Bewertung der Daten relativierend in Rechnung stellt (vgl. Schraml, 1964; Dührssen, 1981, 1984).

Die übertriebene Skepsis gegen biographische Angaben geht oft auf ein falsch verstandenes Verdrängungskonzept zurück (Klein, 1976, S. 250 ff.). Sie wurde psychoanalysehistorisch noch verstärkt durch das Mißverständnis, Freud habe mit seiner Entdeckung traumatischer Phantasien jegliche reale traumatische Situation, von der der Patient bewußt berichtet, zum Produkt seiner pathogenen Phantasien erklären wollen. Meist gestatten die Art des Berichts und Einzelheiten über besondere Umstände eines mutmaßlich traumatischen Ereignisses, zwischen Phantasie und Wirklichkeit recht zuverlässig zu unterscheiden. Bei der übertriebenen Skepsis gegenüber lebensgeschichtlichen Angaben wirken jedoch das Konzept des phantasierten Traumas und die falsch verstandene Verdrängungstheorie unheilvoll zusammen, etwa nach folgendem Schluß: Da der Patient von jener »traumatischen« Situation berichtet, kann es sich nur um eine »Deckerinnerung« handeln, sonst müßte sie ja vergessen, unbewußt, eben »verdrängt« sein. Bei einigen Analytikern kommt auch das inzwischen von der positivistischen Psychologie genährte Mißtrauen gegen alles hinzu, was in Worten und nicht in »exakten Meßdaten« ausgedrückt wird.

Man sollte bei diesen sicherlich schwierigen Fragen m.E. nicht übersehen, daß keineswegs immer traumatische Lebensereignisse als solche der Verdrängung unterliegen, sondern häufig die subjektive Bedeutung des Ereignisses (Klein, a.a.O.). Auch wenn Kindheitserlebnisse, d.h. die Bedeutung bestimmter Ereignisse, im Übergang zur Latenzzeit regelmäßig einer Amnesie verfallen, die der Analytiker durch seine Arbeit an der Zensurschranke (Sandler & Sandler, 1984) schrittweise zu überwinden sucht, schließt das nicht aus, daß der Patient die zugehörigen Ereignisse sachlich durchaus zutreffend zu schildern vermag. Neurosenpsychologisch ist dies bei Zwangsneurotikern sicherlich häufiger der Fall als bei Patienten mit überwiegend hysterischer Struktur. Aber auch bei hysterischen Patienten lassen sich Fälle beobachten, in denen nicht das Ereignis, sondern nur seine subjektive Verarbeitung der Amnesie und Verdrängung verfällt. Zwar wird der Analytiker den Bericht des Patienten über lebensgeschichtliche Ereignisse zunächst als eben einen *Bericht* interpretieren und nicht wie eine »Protokollaussage« über empirisch gesicherte Tatsachen. Die durch einen mißverstandenen Verdrängungs- und Traumabegriff (vgl. Fischer, 1986a) genährte apriorische Skepsis gegenüber lebensgeschichtlichen Berichten dürfte jedoch weder theoretisch gerechtfertigt noch praktisch-therapeutisch nützlich sein.

Das im Verlauf der Behandlung erworbene »Veränderungswissen« bezieht sich seiner Natur nach nicht allein auf lebensgeschichtliche Ereignisse – oft werden mit der Ermäßigung der Kindheitsamnesie natürlich auch Ereignisse nachgetragen oder ergänzt –, sondern auf die Relation von Ereignis und Erlebnis: auf das Ereignis in seiner subjektiven Verarbeitung durch den Patienten, insbesondere also die Abwehr- und Bewältigungsmanöver, mit denen der Patient ihm begegnete. Wird dagegen die Dialektik von Ereignis und Erlebnis in objektive und subjektive Komponenten aufgespalten, so beraubt sich das psychoanalytische Veränderungswissen in ähnlicher Weise seiner Erkenntnismöglichkeiten wie in der von Blum (1983) kritisierten Einschränkung »mutativer Deutungen« auf die Übertragungsdeutung.

Mit einer methodologisch-wissenschaftstheoretischen Begründung grenzt Lorenzer (1976) den Gegenstand der Psychoanalyse auf den Bereich subjektiver »Verhaltensentwürfe« ein. Interaktionsbeobachtung oder »biographisch-idiographische Forschung« dagegen klammert er aus dem »Wesensbereich« der Psychoanalyse aus und möchte diese in wissenschaftlicher Arbeitsteilung anderen Disziplinen überlassen. Dieser Vorschlag zur Gegenstandsbestimmung der Psychoanalyse führt m. E. zu praktisch unhaltbaren Einschränkungen psychoanalytischer Verständnisbemühungen und dürfte – sicher entgegen Lorenzers Absichten – das Selbstverständnis der Psychoanalyse subjektivistisch verkürzen.

Nach diesen Vorüberlegungen zur Natur des psychoanalytisch erworbenen Veränderungswissens werde ich im folgenden die innere Struktur dieses Wissens zunächst aus der Perspektive des Analysanden genauer darstellen. Daran anschließend werde ich das für die psychoanalytische Validierung dieses Wissens charakteristische Zusammenspiel zwischen Analytiker und Analysand untersuchen, ein Thema, das im folgenden Abschnitt in einem methodologischen Zusammenhang wieder aufgenommen wird.

Wenn in der Dekonstruktionsphase ein bis dahin nicht hinterfragbares Übertragungsschema fraglich wird und so in die Sphäre bewußter Bearbeitungsmöglichkeiten rückt, lassen sich bei diesem Übergang zwei Momente unterscheiden, die Piaget in seiner Theorie der »reflektierenden Abstraktion« (1977) als »réflechissement« versus »réflexion« bezeichnet. Dabei stellt »réflechissement« das zukunftsbezogene, »proaktive« Moment dar (vgl. Kesselring, 1981, S. 146 ff.), welches in der hier vorgeschlagenen Terminologie der Konstruktionsphase entspricht, während »réflexion« »retrograd« ausgerichtet (Kesselring, ebd.) und so mit der Rekonstruktion vergleichbar ist. »Réflechissement« und »réflexion« spielen nach Piaget in der kognitiven Entwicklung eng zusammen, jedoch mit unterscheidbaren Funktionen. Während erstere sich darauf richtet, beim Übergang von einer Entwicklungsstufe zur anderen ein neues Bezugssystem zu entwerfen, das die immanenten Widersprüche des bisherigen überwindet, wendet sich »réflexion« von dieser neuen kategorialen Stufe aus auf das bisher verhaltensbestimmende Schema zurück, macht dessen Form zum Reflexionsgegenstand und »transformiert« auf diese Weise den bisherigen Wissensbestand. Auf dem Hintergrund der von Piaget wie auch der Psychoanalyse postulierten Kontinuität kognitiv-affektiver Entwicklung sind somit in der Formbestimmung des reflektierten Schemas Form und Inhalt der vorangehenden Stufen »aufgehoben«. Die Parallele zu Piagets Theorie der reflektierenden Abstraktion kann noch einmal deutlich machen, daß es sich bei psychoanalytisch gewonnener »Einsicht« um ein in Veränderungsprozessen gewonnenes Wissen, eben ein »Veränderungswissen« handelt, das im Erkenntnisakt selbst seinen Gegenstand modifiziert. Einsicht und Veränderung sind untrennbar miteinander verbunden (Fischer, 1986 b, S. 22 f.). Das leuchtet für die »Konstruktion« als »proaktive Reflexion« wohl ummittelbar ein. Aber auch die Rekonstruktion eines Übertragungsschemas impliziert dessen Transformation und somit einen Veränderungsschritt. Denn sobald die Form des Schemas, die bis dahin die Grenze jeder Reflexion bildete, zum Inhalt einer Reflexion »höherer Stufe« wird, verwandelt sich ebendiese Form, und auch die Übertragungsbeziehung wird »kategorial«, in ihrer gesamten Begrifflichkeit, »transformiert«. So kann auch verständlich werden, daß sich dynamisch wirksame unbewußte Inhalte jeder »kontemplativen«, emotional unbeteiligten Rekonstruktion der Lebensgeschichte entziehen müssen. Ein objektiv-beschreibender Umgang des Analysanden mit seiner Lebensgeschichte muß als Widerstand gegen einen Veränderungsschritt erscheinen und sollte psychoanalytisch entsprechend gedeutet werden.

Diese innere Struktur im Veränderungswissen des Analysanden läßt sich der typischen Position des Analytikers in einigen Punkten gegenüberstellen. Dieser ist nicht in gleichem Maße wie der Analysand in den Veränderungsvorgang einbezogen. Seine Stellung als teilnehmender, aber weniger involvierter Beobachter gestattet ihm, Form und Inhalt des Veränderungsvorganges stärker auch »von außen« zu betrachten. So ist er günstigenfalls etwa in der Lage, zwischen einem aktuell inszenierten Übertragungsmuster und lebensgeschichtlichen Erlebnissen einen Zusammenhang herzustellen, der dem Analysanden einstweilen noch entgehen muß. Die Stellung des Analytikers gegenüber dem Veränderungsprozeß des Analysanden läßt sich mit der Position des epistemologischen Beobachters in Hegels »Phänomenologie« vergleichen, der gegenüber dem erforschten Bewußtsein einen relativen Erkenntnisvorsprung besitzt, da er aus seiner Perspektive sowohl das Bewußtsein als auch dessen jeweiligen Gegenstand erfassen und so beide aufeinander beziehen kann. Dieser Vergleich läßt sich auf den psychoanalytischen Prozeß allerdings nur mit dem Vorbehalt übertragen, daß es hier – so wie letztlich auch bei Hegels Thema – ein »absolutes Wissen« nicht gibt. Alle »äußerlichen« Rekonstruktionen und Konstruktionen des Analytikers haben lediglich hypothetischen Charakter und bedürfen der Ergänzung durch jenes Veränderungswissen, das der Analysand »von innen her« erzeugt. Beide Linien der Wissensproduktion werden einander fortlaufend ergänzen. Sie treffen sich schließlich in der »rekonstruktiven Deutung« im engeren Sinne, die, wenn sie gelingt, einen fruchtbaren und gegenseitig erweiternden Austausch beider Typen von Veränderungswissen markiert, des »inneren« und des »äußeren«.

Wie schon erwähnt, ist in der praxeologischen Literatur der Psychoanalyse umstritten, inwieweit rekonstruktive Deutungen auch mutativ wirken können. Morgenthaler (1978) verwendet dieses Konzept in einer vom allgemeinen Gebrauch etwas abweichenden, originellen Weise, worin der Bezug auf einen Veränderungsschritt des Analysanden unmittelbar deutlich wird. Nach Morgenthaler »rekonstruiert« der Analytiker die »emotionale Bewegung« des Analysanden, die nach der therapeutischen »Dekonstruktion« eines Übertragungsschemas frei wird und die verstanden werden muß, damit sie die Basis weiterer Entwicklungsschritte bilden kann (etwa S. 144). Morgenthaler »rekonstruiert« also zunächst eine aktuelle Erlebnisgestalt, nicht lebensgeschichtlich ferne Erfahrungen, wie im traditionellen Begriffsverständnis. M. E. schließen beide Deutungen von »Rekonstruktion« einander jedoch keineswegs aus, sondern zeigen vielmehr die enge Verbindung von gegenwärtiger Veränderung und Aneignung der Vergangenheit. Die rekonstruktive Deutung in Morgenthalers Verständnis stabilisiert einen Veränderungsschritt, indem sie den Analysanden dabei unterstützt, sich die bisher abgewehrte emotionale Bewegung verfügbar zu machen. Ist dieser Schritt getan, können Analytiker und Analysand entlang dem abgelaufenen Veränderungsvorgang dessen Ausgangspunkt und lebensgeschichtliche Genese rekonstruieren, eine Art von »Metareflexion« (vgl. Kesselring, 1981, S. 148), die den Analysanden darin unterstützen wird, sich seine Vergangenheit anzueignen, um so den Veränderungsschritt weiter zu stabilisieren. In anderen Fällen können aber auch umgekehrt vergangenheitsbezogene »rekonstruktive Deutungen« einen gegenwärtigen Veränderungsschritt erleichtern, indem sie durch Erhellung der Vergangenheit auch die aktuelle Situation in neuem Licht erscheinen lassen (Blum, 1983). Auch in diesem Falle ist die Geltung rekonstruktiver Deutungen mit einer interpersonellen Handlung eng verbunden: dem fruchtbaren Austausch von Veränderungswissen zwischen Analytiker und Analysand.

Der Status des durch Rekonstruktion erreichbaren psychoanalytischen Wissens über die Vergangenheit der Persönlichkeit wird kontrovers diskutiert. Dabei spielt einmal die ältere Frage nach dem Verhältnis von rekonstruktivem Wissen zu Ergebnissen der Direktbeobachtung an Kindern eine Rolle (Glover, 1945; P. Kernberg, 1980; Lichtenberg, 1981), zum anderen empirisch-psychologische Forschungsergebnisse, die Zweifel an rekonstruktiv gewonnenen entwicklungspsychologischen Annahmen der Psychoanalyse aufkommen ließen, etwa hinsichtlich einer Langzeitwirkung früher Charakterformung (dazu Cohler, 1980, S. 157 ff.). Allerdings wurden viele einschlägige Studien mit einer, gemessen an den Bedürfnissen psychoanalytischer Forschung, oft unzureichenden Methodik und Konzeptualisierung durchgeführt (vgl. Hoffmann, 1979, S. 201 ff.; Fisher & Greenberg, 1977; Kline, 1981; Fischer, 1986 a). Vor allem die bisherigen Schwierigkeiten, manche genetische Annahmen der Psychoanalyse mit Hilfe empirisch-psychologischer Methodik zu »validieren«, haben einige Theoretiker dazu bewogen, die Ergebnisse psychoanalytischer Rekonstruktion im Rahmen einer sogenannten »narrativen« Auffassung des psychoanalytischen Prozesses auf den Status subjektiv stimmiger Erzählungen zu beschränken (Cohler, 1980, 1982; Schafer, 1982). Cohlers theoretisch, klinisch und empirisch gut belegte Argumentation scheint mir ein wichtiges Korrektiv zu einer »naiv-objektivistischen« Auffassung psychoanalytischer Rekonstruktionen bilden zu können. Letztlich aber verfällt Cohler in eine nicht minder fragwürdige subjektivistische Gegenposition. Ähnlich wie Spence (1982) scheint er von den bislang widersprüchlichen Ergebnissen empirischer Psychoanalyseforschung so beeindruckt, daß er das genuin psychoanalytisch erworbene Veränderungswissen als rein subjektive Wahrheit im Erzählen einer Lebensgeschichte den »objektiven Fakten« entgegenstellt, die seiner Ansicht nach empirisch-psychologische Forschung ermittelt, ohne jedoch den Status der empirischen Forschungsergebnisse methodenkritisch noch näher zu beleuchten. Objektivismus und Subjektivismus in der psychoanalytischen Biographieforschung – letzterer im amerikanischen Sprachraum zu Unrecht bisweilen als »hermeneutisch« bezeichnet – bedingen einander gegenseitig: Wenn sich lebensgeschichtliche Rekonstruktionen nicht immer mit den vermeintlich »objektiven« Methoden der empirischen Psychologie bestätigen lassen, so können sie also nur »subjektive Wahrheiten« zum Ausdruck bringen. Cohler schließt sich mit seinem Verständnis des »personal narrative« an Kris' (1956 b) Konzept des »persönlichen Mythos« an, wobei er allerdings die ideologiekritische Dimension zurückweist, in der Kris »persönliche Mythologien« ausdrücklich verstanden wissen wollte (1982, S. 210). Nach Cohler verwandelt sich im Laufe einer gelungenen psychoanalytischen Behandlung das anfangs verworrene und widerspruchsvolle Narrativ des Patienten in eine widerspruchsfreie, kohärent berichtete Lebensgeschichte. Mit dieser Interpretation des psychoanalytischen Veränderungsprozesses gerät Cohler m. E. in Gefahr, »persönliche Mythologien« zu legitimieren, anstatt sie dem ideologiekritischen Ansatz der Psychoanalyse entsprechend zu hinterfragen. Psychoanalytische Katamnesen belegen deutlich, daß Patienten nach erfolgreicher Behandlung keineswegs zusammenhängende und widerspruchsfreie Lebensgeschichten vortragen. In Nachinterviews leben vielmehr die zentralen Übertragungskonflikte passager wieder auf, können dann jedoch rascher bearbeitet werden (Schlessinger & Robbins, 1983). Statt sich einem kohärenten und widerspruchsfreien Mythos ihrer Behandlungs- und Lebensgeschichte zu überlassen, treten die ehemaligen Analysanden von neuem in die widerspruchsvoll-dialektische Produktion von Veränderungswissen ein (zur Kritik einer »narrativen« Deutung von Psychoanalyse vgl. auch Ricœur, 1977, S. 860 ff.).

Wenn das psychoanalytische Veränderungswissen auch nicht den Ansprüchen eines objektivistischen Begriffs von Wissen genügt – wann wäre die Vergangenheit je »vollständig« erkannt? (vgl. Wyatt, 1963) –, so läßt es sich dennoch nicht auf »subjektive« Wahrheiten oder besser: Gewißheiten reduzieren. So wenig die Zukunft je vollständig erkennbar ist, so wenig ist es die Vergangenheit. Indem der objektivistische Wissensbegriff das konstitutive Moment der Veränderung aus der Erkenntnis zu eliminieren sucht, gelangt er zur zeitlosen Vorstellung einer »Objektivität«, die »erlebter Geschichte« allerdings fremd bleiben muß, die, jedenfalls solange sie lebendig bleibt, immer nur »objektivierend« verfahren kann, ohne zeitlose »Objektivität« je zu erreichen (vgl. Gaddini,

1984). Ebenso hat auch das psychoanalytische Veränderungswissen seine eigenen Kriterien der »Validierung« (statt »Validität«), an denen es sich auf jeder Erkenntnisstufe im psychoanalytischen Prozeß »bewährt«. Diese Validierungskriterien sollen anhand der Phasen des Veränderungsmodells näher umrissen werden.

Ohne Anspruch auf Vollständigkeit greife ich dabei folgende Kriterien auf, die in Sozialwissenschaften und Wissenschaftstheorie zu interessanten neueren Entwicklungen geführt haben und die – anders als die Gütekriterien der »klassischen Testtheorie« in der Psychologie (vgl. Fischer & Hoffmann, 1988) – dem psychoanalytischen Veränderungswissen in besonderer Weise zu entsprechen scheinen: die Kriterien

a) der kommunikativen Validierung,

b) der Handlungsvalidierung,

c) der argumentativen Validierung.

Zu a): Kommunikative Validierung hat eine besondere Nähe zu Konzepten wie Empathie oder Einfühlung, die zur Sicherung des gegenseitigen Verstehens in kommunikativen Handlungen dienen. Man vergewissert sich, daß man über die »gleiche Sache« redet, daß man mit denselben Begriffen annähernd dasselbe »meint«, daß man sich in die Erlebniswelt des Handlungspartners zutreffend »einfühlt« oder »hineindenkt«. In einem solchen Vorgang »reziproker Ko-Orientierung« (Fischer, 1981, S. 74 ff.) werden die Annahmen über einen gemeinsamen Gegenstand und die Annahmen über die Annahmen des Partners wechselseitig überprüft und im Falle gelingender Verständigung »validiert«.

Innerhalb der empirischen Psychologie und Sozialforschung wurde dieses Validierungskriterium zunächst vor allem als Reaktion auf entsprechende Mängel im herkömmlichen psychologischen Forschungsbetrieb formuliert (Klüver, 1979). Bei den üblichen Fragebögen und Persönlichkeitsinventaren beispielsweise ist keineswegs gewährleistet, daß verschiedene Probanden die vorgegebene Fragestellung gleichförmig interpretieren. Dasselbe gilt für standardisierte psychologische Experimente, deren Methodik zu Unrecht oft als alleinige Garantie für »objektives Wissen« in Psychologie und Sozialwissenschaften betrachtet wird. Der sozialpsychologische

Hintergrund und die besondere Motivationsdynamik experimenteller Untersuchungen werden hierbei leicht übersehen (Orne, 1962; Friedman, 1967; Mertens, 1975). Zahlreiche Artefakte der experimentellen Psychologie und Sozialpsychologie (Bungard, 1980) lassen sich auf den Umstand zurückführen, daß die Vorarbeit einer kommunikativen Validierung der Untersuchungssituation im Rahmen eines objektivistischen Verständnisses von psychologischem Experiment oder Test gar nicht erst als Vorbedingung weiterer Erkenntnisschritte begriffen wurde.

Das Kriterium kommunikativer Validierung, die im psychoanalytischen Prozeß fortlaufend zu leisten ist, läßt sich im Veränderungsmodell schwerpunktmäßig der Phase 1 (Aufbau und Konsolidierung des Arbeitsbündnisses) zuordnen, sofern man dabei im Auge behält, daß sich der Phasenzyklus mikrologisch und makrologisch beständig wiederholt. Die hiermit verbundene empathische Verstehensleistung wurde in ihrer Komplexität und therapeutischen Wirksamkeit von seiten der Psychoanalyse erst allmählich begriffen, wobei der Kohutschen Richtung innerhalb der Psychoanalyse besondere Verdienste zukommen (vgl. auch Lichtenberg, Bornstein & Silver, 1984). Diese historische Entwicklung in der Psychoanalyse war offenbar notwendig trotz Freuds grundlegender Aussagen zur Bedeutung der Einfühlung im psychoanalytischen Prozeß und etwa seiner Warnung davor, bei der Einleitung der psychoanalytischen Behandlung jemals »einen anderen Standpunkt« einzunehmen »als den der Einfühlung« (1913c, S. 474).

Vom Prinzip her führt jedoch die kommunikative Validierung über den Nachvollzug des bewußtseinsfähigen Welt- und Selbstverständnisses beim Analysanden nicht hinaus (vgl. Terhart, 1981). Die Psychoanalyse teilt diesen ersten Validierungsschritt mit anderen Therapieverfahren wie etwa der Gesprächstherapie nach Rogers, die jedoch in ihrer therapeutischen und Forschungsarbeit an der Grenze zum Unbewußten anzuhalten scheint (Köhler-Weisker, 1978). Die weiteren Schritte, etwa die gegenseitige Beziehung der Phasen 1 und 2 sowie die konstruktiv-rekonstruktiven Prozesse erfordern daher für das psychoanalytische Veränderungswissen einen anderen Validierungstyp, den ich als Handlungsvalidierung bezeichne.

Zu b): »Handlungsvalidierung« wurde im Rahmen der empirischen Sozialwissenschaften vorgeschlagen als ein Prüfverfahren,
um Übereinstimmung oder Diskrepanz zwischen »kognitiven
Konstrukten« wie Einstellungen, Werthaltungen oder Lagebeurtei-
lungen einerseits und von diesen gesteuertem Verhalten andererseits festzustellen. Wahl (1982) legt dabei Poppers »Falsifikations-
modell« zugrunde (1963) und betrachtet beispielsweise die Annahme, daß ein bestimmtes kognitives Konstrukt handlungsleitend
sei, dann als »widerlegt«, wenn Handeln und bewußte Einstellung
in einer bestimmten Situation nicht zur Deckung gelangen (S. 262).
Entsprechend ihrer dialektischen Wissenskonzeption bleibt die
Psychoanalyse bei solcher »Widerlegung« allerdings nicht stehen,
sondern erklärt eben den Widerspruch zwischen realem Verhalten
und seiner bewußten Interpretation und damit die unbewußten
Determinanten des Handelns zu ihrem eigentlichen Untersu-
chungsgegenstand. Entsprechend machte schon Freud den Begriff
des Unbewußten an den Diskrepanzen zwischen Selbst- und
Fremdbeobachtung fest. So führt in der Psychoanalyse »das Verweilen beim Negativen« (Hegel, 1959, S. 29) auch nicht zu unproduktiver bloßer Widerlegung »falscher« Annahmen. Vielmehr
wird in der Dekonstruktionsphase die in Wahrheit handlungslei-
tende Überzeugung als Hypothese schrittweise bewußt und damit
die im Sinne von Wahl und Popper »falsche« bewußtseinsfähige
Annahme zugleich in ihrer Abwehrfunktion durchschaubar.
Diese Revision des Übertragungsschemas und die Konstruktion
alternativer Handlungs- und Beziehungsmöglichkeiten müssen im
weiteren Verlauf des psychoanalytischen Prozesses ihre Geltung
für das Handeln des Patienten innerhalb und außerhalb der analytischen Situation erweisen. Andernfalls setzt sich die Suche nach
den tatsächlich handlungsleitenden unbewußten »Annahmen«
des Analysanden fort. Insofern sind die Prozesse der Phasen 3 und
4 und das diesbezügliche Veränderungswissen von Analytiker und
Analysand an das Kriterium der Handlungsvalidierung gebunden, das dem dialektischen Aspekt psychoanalytisch begleiteter Veränderungsprozesse in besonderer Weise zu entsprechen
scheint.
Wahl weist darauf hin, daß die »Handlungsvalidität« psychologi-

scher Konstrukte und Theorien innerhalb empirisch-psychologischer Forschung systematisch bislang kaum je überprüft worden
sei (S. 267).

Zu c): Aus einer Kritik an der relativen Beschränkung von kommunikativer und Handlungsvalidierung leitet Terhart (1981) die zusätzliche Notwendigkeit einer *»argumentativen Validierung«* von
Hypothesen ab, die der Sozialforscher über seinen Gegenstand bildet. Im hermeneutischen Zirkel von Vorverständnis und Korrektur
der Vorannahmen an der Eigenstruktur des Gegenstandes tritt
nach Terhart der Sozialforscher mit seinem »Forschungsobjekt« in
eine argumentative Auseinandersetzung ein, in deren Verlauf er
dem Probanden die über ihn gebildeten Hypothesen mitteilt, um
sie mit dessen Annahmen und Erfahrungen vergleichen und in
wechselseitiger Korrektur überprüfen zu können. Terhart zieht die
Parallele zu pädagogischen Lernprozessen, für die zwar ein anfäng-
licher Wissensvorsprung des Lehrenden charakteristisch sei. Im
Fortgang des Lernprozesses aber komme es durch Sich-Abarbeiten
am »gemeinsamen Gegenstand« zu einem Ausgleich der zunächst
»asymmetrischen« Positionen von Lehrer und Schüler. Ricœur
(1972) stellt eine »dogmatische Lösung« des Geltungsproblems in
den Humanwissenschaften, worin der Interpret nur immer seine
Vorannahmen bestätigt sieht, einer skeptizistischen Position gegenüber, welche die Möglichkeit von Fremdverstehen generell
bezweifelt. Zwischen beiden liegt nach Terhart »argumentative Validierung«, bei der sich die Vorannahmen von Interpret und Inter-
pretiertem nach bestimmten Argumentationsregeln (Habermas,
1973) gegenseitig abarbeiten. Auch Ricœur hat seine frühere Auffassung bezüglich der Verifikation psychoanalytischer Deutungen,
die der dogmatischen Lösung sehr nahe kam (1965), inzwischen
modifiziert und die Möglichkeit eines komplexen hermeneutischen
Validierungsprozesses auch in der psychoanalytischen Praxis ein-
geräumt (1977), worin das Moment hermeneutischer Selbstkorrek-
tur auf unterschiedlichen Ebenen der Theorie- und Hypothesenbildung wiederkehrt.

Argumentative Validierung wird m. E. vor allem an jenem Punkt
der Rekonstruktionsphase bedeutsam, an dem Analytiker und
Analysand ihr je spezifisches Veränderungswissen auszutauschen

beginnen. Die argumentative Validierung wird in einer Theorie des psychoanalytischen Prozesses leicht übersehen, wenn man das »Arbeitsbündnis« außer acht läßt, welches den Psychoanalytiker immer auch als »Gesetzgeber und Lehrer« (Loch, 1974) einbezieht. Insofern Gesetzgebung und Lehre wesentlich kooperative Handlungen sind – oder zumindest sein sollten –, tritt der Analysand als »Lernender« von Anfang an in die Arbeit am »gemeinsamen analytischen Gegenstand« ein. In dem Maße, wie sein »Untersuchungseifer« (Loch, ebd.), in dem er dem Analytiker folgt, sich in der Arbeit an der gemeinsamen Sache kooperativ und argumentativ »bewährt«, wird auch die Beziehung zwischen beiden »symmetrischer«, ungeachtet fortbestehender »komplementärer« Aspekte der analytischen Arbeitsteilung (zu »komplementären« vs. »symmetrischen« Anteilen der Kooperation vgl. Fischer, 1981, S. 272 ff.). Die Abstinenzregel, auf die Frage argumentativer Validierung angewandt, erfordert vom Analytiker weitgehende Zurückhaltung in der Formulierung rekonstruktiver Deutungshypothesen. Um das kooperative Arbeitsbündnis weiter zu festigen oder zumindest nicht zu stören, wird der Analytiker in den meisten Fällen seine rekonstruktiven Deutungen explizit als Hypothesen vortragen. Er ist auf diese Weise bemüht, übertragungsbedingte Suggestionseffekte oder die Einflüsse der kulturtypischen Experten-Laien-Beziehung bei der Überprüfung seiner Vorannahmen möglichst gering zu halten (vgl. auch Edelson, 1984, S. 129 ff.). Die Regel der »Abstinenz« verlangt von ihm zudem die ständige bewußt geübte Bereitschaft, die eigenen Hypothesen durch das Veränderungswissen des Analysanden modifizieren zu lassen. So wird sich ein wesentlicher Teil »argumentativer Validierung«, vor allem in der Anfangsphase einer Behandlung, vorwiegend »im Analytiker«, also wenn man will »außerargumentativ« abspielen. Soweit sich im Laufe des analytischen Prozesses Arbeitsbündnis und Übertragungsbeziehung immer deutlicher voneinander abheben, wird auch der argumentative »Konsens« (Habermas, 1973) immer mehr zur Basis der Wahrheitssuche im gemeinsamen analytischen »Forschungsprozeß« (Loch, a. a. O.).

Seit den Anfängen der Psychoanalyse haben Kritiker diese vielfachen Validierungsschritte in der Produktion des psychoanalytischen

Veränderungswissens mehr oder weniger absichtsvoll übersehen und die Psychoanalyse als ein Verfahren dargestellt, das seine Ergebnisse vor allem der Suggestion und einer Indoktrination des abhängigen Analysanden in das psychoanalytische Lehrgebäude verdankt (vgl. etwa Brodthage & Hoffmann, 1981). Auch in jüngster Zeit werden diese Argumente vor allem vom Standpunkt einer Psychologie vorgetragen, die sich inzwischen dem methodologischen Positivismus verschrieben hat (etwa Grünbaum, 1982; vgl. auch Hoffmann, 1985). Dennoch läßt sich kaum übersehen, daß die Psychoanalyse mit der ihr eigenen Methode zur Erforschung unbewußter Intentionalität psychologisch, soziologisch und historisch bedeutsames Veränderungswissen hervorgebracht hat und hervorbringt. Die in der geschilderten Weise methodisch verfahrende Psychoanalyse braucht m. E. auch die Überprüfung ihres Veränderungswissens durch sozialwissenschaftlich-empirische Forschung nicht zu scheuen, vorausgesetzt allerdings, daß etwa die empirische Psychologie die gleichen strengen Validierungskriterien an ihr Forschungsverfahren heranträgt. Hier muß jedoch festgestellt werden, daß »kommunikative Validierung« in der gegenwärtigen Psychologie allenfalls in bescheidenen Ansätzen vorliegt. »Handlungsvalidierung« wird nach Aussage von Wahl (a. a. O.) und auch nach meiner Kenntnis der Forschungsliteratur kaum je als die Notwendigkeit erkannt, die sie für die Geltungsbegründung wissenschaftlich-psychologischer Aussagen darstellt. Und »argumentative Validierung« schließlich scheint dem monologischen Charakter weiter Bereiche vorwiegend behavioristisch orientierter psychologischer Forschung schon vom Prinzip her zuwiderzulaufen.

4   Intersubjektivität und Psychotraumatologie
Die Fähigkeit zur Objektspaltung.
Ein therapeutischer Veränderungsschritt bei Patienten
mit Realtraumatisierung

Spaltung und die Bildung von Objektkonstanz

Unter »Spaltung« wird in der Psychoanalyse allgemein die pathologische Neigung verstanden, »gute« vs. »böse« Objektrepräsentanzen in stereotyper und realitätsferner Weise voneinander zu
trennen. Umstritten ist, ob es sich dabei um einen genuinen Abwehrmechanismus handelt. Während etwa Kernberg (1975) mit
der Kleinschen Schule von dieser Annahme ausgeht, führt Dorpat
(1979) die Spaltung auf andere Abwehrmechanismen wie Verleugnung oder Verschiebung zurück. Vereinfacht gesagt, isoliert die
Spaltung Aspekte des Objekts, die »an sich« oder »in der Realität«
zusammengehören, voneinander. Die Überwindung dieser Neigung wird von vielen Autoren als unerläßlicher Schritt in der Bildung von Objektkonstanz betrachtet. Wie aber, wenn das Objekt
realiter ein »in sich gespaltenes« Verhalten zeigt, wie dies in der Lebensgeschichte mancher »real traumatisierter« Patienten zu beobachten ist? Die Antwort ist ebenso einfach wie angesichts der unter
Psychoanalytikern verbreiteten Neigung, sich auf die sogenannte
»psychische Realität« ihrer Patienten zu beschränken, ungewohnt:
In diesem Fall ist »Spaltung« ein realitätsgerechter Bewältigungs-
schritt und eine unerläßliche (Zwischen-)Stufe bei der Bildung von
Objektkonstanz – in der lebensgeschichtlichen Entwicklung wie
auch im psychoanalytischen Prozeß.
Diese naheliegende Annahme werde ich im folgenden am Beispiel
eines Patienten untersuchen, bei dem sich ein Trauma vom Typus
des sexuellen Mißbrauchs mit Gewaltanwendung in der Analyse
als dynamisch besonders virulent erwies. Bei Traumata dieser Art
kommt es wohl regelmäßig zu einer Konfusion »guter« und »bö-

ser« (im weitesten Sinne) Objektrepräsentanzen, da der sexuelle Mißbrauch ja nicht offen als solcher deklariert, sondern unter dem Anschein libidinöser Zuwendung betrieben wird. Dieses Trauma erlitt der Patient, auf dessen Behandlung ich eingehen werde, etwa seit seinem 10. Lebensjahr: Über 5 Jahre hinweg war er vom körperlich überlegenen, 3 Jahre älteren Bruder zu sexuellen Handlungen verführt und manchmal brutal gezwungen worden. In diesem Alter ist nicht zu erwarten, daß durch Traumawirkung die Selbst/Objekt-Differenzierung in toto beeinträchtigt wird (zu entwicklungstheoretischen Aspekten der Innen/Außen- vs. Gut/Böse-Unterscheidung vgl. Stern, 1985). Hingegen war eine Konfusion über die Gut/Böse-, Freund/Feind-Unterscheidung eingetreten und parallel hierzu auch eine Konfusion über gute vs. schlechte Selbstaspekte. Daneben sind auch traumatische Erfahrungen denkbar, sexueller Mißbrauch etwa in jüngerem Lebensalter, bei denen sowohl die elementare Selbst/Objekt-Abgrenzung als auch die Bewertungsdimension psychischer Stukturbildung beeinträchtigt wird. Diese psychopathologisch wie auch therapeutisch besonders schwierigen Fälle klammere ich jedoch aus den gegenwärtigen Überlegungen aus.

Die eindrucksvolle therapeutische Verlaufsschilderung eines im Alter von 2 Jahren homosexuell mißbrauchten Patienten bei Williams (1988) legt die Hypothese nahe, daß die »Fähigkeit zur Objektspaltung« (s. u.) therapeutisch desto schwieriger zu erreichen ist, je früher in der Lebensgeschichte das Trauma einsetzt und je stärker von daher die Dimension der Subjekt/Objekt-Differenzierung durch die traumatische Erfahrung beeinträchtigt ist (vgl. dazu Williams, S. 954).

Klinisches Beispiel

Neben dem schon erwähnten sexuellen Mißbrauch durch den älteren Bruder hatte Herr K., so nenne ich den Patienten, noch unter einer schwer gestörten, ihn narzißtisch kränkenden und alkoholabhängigen Mutter gelitten. Der Alkoholabusus der Mutter hatte etwa in seinem 7. Lebensjahr begonnen, nach dem Umzug der Familie fort von ihrem Heimatort. In betrunkenem Zustand inszenierte die Mutter, oft vor der versammelten Familie, hysteriforme

Anfälle mit heftigen Anklagen und bisweilen auch Suiziddrohungen. Für die Familie galt die Mutter als »herzkrank«. Einer Auseinandersetzung mit ihr gingen die Familienmitglieder, vor allem auch der vom Patienten als »konfliktscheu« geschilderte Vater, stets aus dem Wege. Anläßlich selbst geringfügiger Kritik habe die Mutter gedroht, »vom Balkon zu springen«. Herr K., der sich – als jüngstes Kind – vom Familiensystem zum besonderen Vertrauten und »Betreuer« der Mutter erwählt sah, kam häufig später aus der Schule mit der bangen Frage, ob die Mutter wohl noch lebe oder ob sie ihre Drohungen diesmal verwirklicht habe.

Seit der Vorpubertät, ungefähr ab dem 10. Lebensjahr, habe der Bruder ihn, manchmal gewalttätig, zu gegenseitiger Onanie gezwungen, indem er ihn etwa mit einem Kissen fast erstickte, um ihn einerseits gefügig zu machen und ihn andererseits einzuschüchtern, falls er je mit Dritten über das Vorgefallene sprechen wollte. So habe Herr K. niemanden ins Vertrauen gezogen. Allmählich sei er daher »zum Komplizen« des Bruders geworden. Erst im Alter von 15 Jahren etwa habe sich die Situation geändert, als er sich nämlich dem Bruder körperlich gewachsen fühlte und sich energisch zu wehren begann.

Seit etwa dem 15. Lebensjahr verspürte Herr K. einen ständigen Druck auf der Stirn, der sich wie ein Nebelschleier auf seine Gedanken und Wahrnehmungen legte. Wegen dieses Symptoms sowie »Kreislauflabilität« und Unruhezuständen wurde er seit dem 18. Lebensjahr mit Kreislauf- und Beruhigungsmitteln behandelt. Mit 27 Jahren begann er eine psychoanalytische Behandlung wegen dieser inzwischen als psychogen beurteilten Symptomatik, die er jedoch nach 130 Sitzungen von sich aus vorzeitig beendete. Er hatte den Eindruck, zu seinem damaligen Analytiker kein Vertrauen gefunden zu haben. 3 Jahre später trat bei einem Krankenhausaufenthalt und zeitlich parallel zu seinem Plan, die Heimatstadt zu verlassen, eine multiple phobische Symptomatik auf mit Erstickungsängsten, Herzrasen und Befürchtungen, ohnmächtig zu werden.

Mit 31 Jahren, zu Studienbeginn und nach seinem Fortgang vom Heimatort, unternahm Herr K. dann einen zweiten Therapieversuch bei einer Analytikerin. Nach etwa 100 Sitzungen, drei Stunden pro Woche, gerieten die Abwehrformationen und auch die

Symptomatik in Bewegung. Das Arbeitsbündnis war inzwischen, durch manche Krisen hindurch, gefestigt worden. Herr K. schöpfte Hoffnung auf eine Veränderung auch seiner langjährigen Symptome. Ungläubig beobachtete er Fluktuationen jenes Kopfdrucks, welcher bis dahin sein ständiger Begleiter war. In dieser Zeit häufen sich »Anspielungen auf die Übertragung« (Gill 1982) und auch Andeutungen außerhalb der Analyse, die auf eine Wiederbelebung der traumatischen Erfahrung mit dem älteren Bruder verweisen. Schon häufiger hatte die Analytikerin den naheliegenden Zusammenhang zwischen den phobiebegleitenden Erstickungszuständen und der Praktik des Bruders angesprochen, Herrn K. mit einem Kissen die Luft zu nehmen, was jedoch bislang ohne verändernde Wirkung geblieben war. Herr K. hatte von sich aus immer wieder seine »Komplizenschaft« mit dem Bruder hervorgehoben, eigene Schuldgefühle deswegen betont sowie homosexuelle Ängste geäußert. Jetzt entschließt sie sich demgegenüber zu einer Intervention, in der sie dem Patienten die Verwerflichkeit im Verhalten des Bruders, die eigene Ohnmacht, Schuldlosigkeit und ausweglose Verstrickung entschieden vor Augen führt. Es kommt zu starker emotionaler Resonanz beim Patienten und sukzessivem Symptomabbau. Herr K. empfindet Gefühle von Wut, Haß und Abscheu gegenüber dem Bruder, ohne sogleich, wie zuvor, in Selbstanklagen und psychologische Verständnisbemühungen zurückzufallen. Jetzt bemerkt er, wie inadäquat sein Verhalten bislang war: mehrmals im Jahr hatte er dem Bruder lange, freundliche Briefe geschrieben. Für dessen seiner Meinung nach »unglückliche Ehe« hatte er tiefes Mitgefühl empfunden und die Verpflichtung gespürt, ihn für sein Unglück entschädigen und stützen zu müssen. Jede nur ansatzweise aufkommende Wut und Empörung über das Verhalten des Bruders waren sogleich in Verständnis und Mitleid mit dem Unglücklichen umgeschlagen.

Allmählich wurde ihm jetzt eine distanziertere Betrachtung des Bruders möglich. Klar erkannte er nun dessen Abwehr- und Verleugnungsbemühungen: »Wenn der nur einmal die Augen aufmachen und sehen würde, was er angerichtet hat, er würde wahrscheinlich Selbstmord begehen.« Parallel zu dieser »Objektanalyse« erlebt Herr K. ein bislang unbekanntes Selbstgefühl: Er fährt mit dem Wagen durch die Frühlingslandschaft und hat den Eindruck, erstmals in seinem Leben die Augen zu öffnen und die Schönheit und Kraft der Landschaft zu genießen, wobei er sich wertvoll und lebendig fühlen kann.

Einige Sitzungen später kommt es in der Analyse zu stärkerer Präsenz des bis dahin gefühlsmäßig zurückhaltenden und auf Schonung der Therapeutin bedachten Patienten. Herr K. erlebte vor der Sitzung einen so heftigen Angstanfall wie schon lange nicht mehr, der es ihm schwermachte, überhaupt zur Analyse zu kommen. Er berichtet, daß er ein sehr angenehmes Wochenende mit seiner Freundin verbracht habe. Ihr hatte er auch – »damit sie mich besser verstehen kann« – von seinen sexuellen Schwierigkeiten erzählt. Nicht nur von der Beziehung zum Bruder hatte er gesprochen, sondern auch alles, was in der Analyse erarbeitet war, möglichst genau an sie weitergegeben.

Die ersten Einfälle der Analytikerin auf seinen Bericht waren: »Verrat«, »Agieren einer Nebenübertragung« und dergleichen mehr. Dem Patienten gegenüber äußerte sie ihre Besorgnis, ob denn die Freundin das wohl alles »verkraften« würde. Erst einige Zeit später in dieser Sitzung war sie imstande, die Aktion des Patienten als einen »Hypothesentest« (i. S.v. Weiss & Sampson, 1986) zu erkennen: Der Patient hatte die analytische Situation insgesamt mit der komplizenhaften Beziehung zum Bruder gleichgesetzt und im Gegensatz zu früher diesmal einer Dritten davon erzählt. Auf die Mitteilung dieser Vermutung hin reagierte der Patient äußerst erleichtert. Tatsächlich hatte er Phantasien gehabt, auf der Couch hinterrücks mit einem Kissen bearbeitet zu werden, wenn er der Analytikerin von seinem »Verrat« berichten würde. Jetzt »deutete« der Patient, von der aktuellen Dynamik her durchaus zutreffend, die erste spontane Reaktion der Analytikerin als eine mit der des Bruders vergleichbare »Eifersuchtsreaktion«. »Sie sorgen sich sonst doch auch nicht um meine Freundin!« Als daraufhin die Analytikerin diese Deutung als in der Übertragung durchaus korrekt anerkannte, fühlte sich Herr K. wiederum gestärkt und äußerte die Überzeugung, er könne seiner Therapeutin wohl doch sehr viel mehr zumuten, als er mit seiner »ständigen Schonhaltung« bisher angenommen habe.

Rekonstruktion des Veränderungsschrittes

Nach dem geschilderten therapeutischen Veränderungsschritt konnte das »Selbst- und Objektschema« (Horowitz, 1979) näher analysiert werden, welches Herr K. in Reaktion auf das Trauma gebildet hatte. Es läßt sich auf der Objektseite charakterisieren als mangelnde Trennung oder fehlende Spaltung zwischen guten und bösen Objektanteilen. Wie bei einer »Drehtür« – eine gemeinsam entwickelte therapeutische Metapher – mobilisierte die Wahrnehmung negativer, verabscheuenswerter Objektaspekte sogleich die ebenfalls vorhandene libidinöse Seite. Entsprechend und komplementär dazu »rotierte« auch das Selbstkonzept des Patienten, ohne je einen festen Bezugspunkt finden zu können. Dabei wandte der Patient die dem Bruder geltenden Haßgefühle gegen die eigene Person. Lebensgeschichtlich war während der langen Zeit des traumatischen Einflusses der Bruder enger und einziger Vertrauter des Patienten gewesen und war es bis jetzt geblieben. Ohne diesen »Vertrauten und Freund« mußte er befürchten, nun gänzlich verlassen zu sein. Um aus dieser Diffusion der Freund/Feind-Unterscheidung herauszufinden, waren, wie das Fallbeispiel zeigt, mehrere Schritte erforderlich, die ich im Überblick noch einmal festhalte:

A Der Aufbau zunächst eines tragfähigen und vertrauensvollen Arbeitsbündnisses. Durch die voraufgegangene negative Therapieerfahrung wahrscheinlich mitbedingt, nahm dies relativ lange Zeit in Anspruch.

B Eine therapeutische Intervention, die einen stabilen Bezugspunkt jenseits des konfundierten Freund/Feind-Konzeptes setzte.

C Daraufhin konnte der Patient schließlich die lebensgeschichtlich begründete Freund/Feind-Konfusion auch in der analytischen Beziehung »entzerren«. Die pathogene »Übertragungsüberzeugung« (Fischer, 1989, S. 76 ff.) verwandelte sich in eine prüfbare »Hypothese« (ebd.). Jetzt konnte sich der Patient vergewissern, daß die Analytikerin wirklich anders reagierte, als es das lebensgeschichtlich verankerte Objektschema vorsah. Sobald er in der analytischen Beziehung erfährt, daß die energische Abgrenzung der Therapeutin vom Bruder sich nicht auf Worte beschränkt, daß sie sich in der therapeutischen Beziehung auch wirklich anders verhält als das pathogene Objekt, wird die entsprechende Hypothese wirksam widerlegt, und der Patient gewinnt einen festen Halt jenseits des konfundierten Objektschemas.

Objektspaltung und Objektanalyse

Auf der Basis der klinischen Rekonstruktion komme ich jetzt zu einigen verallgemeinernden Schlußfolgerungen bezüglich der Fähigkeit zu Objektspaltung oder Objektanalyse.

Als Folge psychosozialer Traumata, welche die Bewertungsdimension der Objektwahrnehmung betreffen (sexuelle Gewaltanwendung und sonstige Übergriffe, die unter dem Vorwand liebevoller Zuwendung stattfinden), beobachten wir beim Betroffenen eine Konfusion guter vs. schlechter, freundlicher vs. feindlicher, liebenswerter vs. hassenswerter Aspekte des Objektes. Lebensgeschichtlich geht diese u. a. auf die Erfahrung zurück, daß das traumatisierende Objekt bislang »Vertrauter« des Traumatisierten war. Eine reziproke Konfusion erfaßt das Selbstkonzept. Verschiedene Abwehrmaßnahmen verfestigen die pathogene Situation. Die Aggression wendet sich gegen die eigene Person in jenem »Moment der Drehung« des paradoxen Systems, in dem das Objekt als gut erscheint. Der verdrängte Haß verliert seinen Objektbezug und kehrt sich gegen das Selbst. Jetzt beschuldigt das Opfer sich wegen seiner »Komplizenschaft«, eigenem »verführerischen Verhalten« usf. Häufig beobachten wir in diesen Fällen auch eine Abwehrbewegung, die ich als »Identifizierung zum Schutz des Objektes« bezeichne. Der Betroffene übernimmt und verwirklicht manche Eigenschaften oder Verhaltensweisen des traumatisierenden Objektes, und zwar gerade solche, die er an diesem bewußt oder unbewußt kritisiert. Es ist, als sagte das Subjekt zum Objekt: »Du siehst, ich bin auch nicht besser als du, ich kann dir also keinen Vorwurf machen.« Der ökonomische »Gewinn« dieser Abwehrhandlung besteht darin, die innere Verbundenheit mit dem Objekt aufrechtzuerhalten und dieses vor vernichtender Kritik und Haßimpulsen zu schützen. Die negative Konsequenz jedoch besteht in der Wendung des Hasses gegen die eigene Person mit den bekannten selbstdestruktiven Folgeerscheinungen.

Durch Abwehrmanöver vom Typus der Verkehrung ins Gegenteil wie Verwandlung von Passivität in Aktivität oder durch Identifizierung mit dem Angreifer kann sich eine passagere, stets jedoch instabile Umkehr der paradox verflochtenen Rollenpositionen von Selbst und Anderem ergeben. Charakteristisch für viele Opfer sexueller Gewalttaten, besonders wenn diese durch nahe Angehörige verübt wurden, ist ferner ein Derealisierungs- bzw. Verleugnungsversuch: »Das kann nicht wahr sein; ich habe nur geträumt; so ist der Vater doch nicht wirklich« usf. Traumatische Erfahrungen dieser Art erscheinen dem Opfer oft so unfaßbar und unsäglich, daß sie derealisiert werden und Phantasie- oder Traumcharakter annehmen (vgl. etwa Kavemann & Lohstöter, 1988). Psychoanalytiker und Psychotherapeuten, die dieser Abwehrbewegung folgen, sind dann ihrerseits überzeugt, auf eine »traumatische Phantasie« gestoßen zu sein. All diese Abwehrversuche zusammengenommen vereiteln jenen Schritt aus dem Circulus vitiosus heraus, welchen ich als Objektspaltung bezeichne und den ich nun hinsichtlich seiner dialektischen Struktur näher untersuchen werde.

Zunächst kann ich die »Fähigkeit zur Objektspaltung« als einen Schritt in der Bildung von Objektkonstanz definieren, der unter Umständen stattfindet und stattfinden muß, in denen das Objekt seinerseits ein widersprüchliches, in sich gespaltenes und/oder doppelbödiges Verhalten zeigt. Um den Unterschied zur pathologischen Spaltung zu verdeutlichen, spreche ich von Objektspaltung im Sinne einer »Fähigkeit« in derselben Weise, wie etwa Winnicott diesen Ausdruck verwendet hinsichtlich einer »Fähigkeit, allein zu sein« (1959) oder anderer entwicklungspsychologischer bzw. therapeutischer Erwerbungen. Jene Neigung zu einer »Verschmelzung guter und böser Teilrepräsentanzen«, die für die normale Entwicklung als günstig angenommen wird, erscheint unter dieser Bedingung als eine, wenn auch naheliegende, so doch pathologische und pathogene Antwort auf die Umweltsituation. Zumindest in meinem klinischen Beispiel erwies sich dies gerade als die pathologische Lösung. Am Beispiel wurde auch deutlich, daß das Trauma ein in sich geschlossenes, durch Abwehrmechanismen gesichertes und selbstrepetitives psychisches Subsystem hinterläßt. Wie kann dieses nun überschritten werden?

Die therapeutischen Wege der einzelnen Patienten mögen verschieden sein. Ihnen gemeinsam jedoch ist die Überwindung der Verschmelzungsneigung und die emotive Einsicht in die reale Gespaltenheit des Objekts. Veränderungstheoretisch ist dieser Schritt mit dem von Winnicott beschriebenen Übergang vom »subjektiven zum objektiven Objekt« (1969) eng verflochten, wenn auch nicht völlig identisch. In einem breiteren, auch sozialpsychologische Modelle und Forschungsergebnisse berücksichtigenden Rahmen habe ich diesen Prozeß als Übergang von der »Objekt- zur Beziehungskonstanz« rekonstruiert (1987), einen Entwicklungsschritt, der an die entfaltete Wechselseitigkeit intersubjektiver Wahrnehmungsperspektiven gebunden ist und diese seinerseits emotional fundiert. In einem solchen Prozeß erst kann das Objekt als Subjekt, d. h. in seiner bewußten und unbewußten Intentionalität, zutreffend wahrgenommen werden. Erst so kann, im Falle der hier thematischen Traumakategorie, das Objekt als nicht nur subjektiv, sondern als objektiv böse, d. h. in seiner realen Gespaltenheit und seinen bewußten und/oder unbewußten destruktiven Absichten, erfaßt werden.

Gehen wir in die Immanenz des traumabedingten psychischen Subsystems noch einmal zurück. Reicht zu seiner Überwindung nicht aus, daß der Patient seine eigene »Ambivalenz« bemerkt? Daß er introspektiv seine Liebe und seinen Haß auf ein einheitliches, mit sich identisches Objekt erfaßt? Meine Antwort ist nein. Denn diese Reflexionsbewegung, wie »affektstark« auch immer sie daherkommen mag, bleibt dem System immanent. Eine »goldene Regel« der Systemtheorie besagt, nichts innerhalb eines Rahmens könne über den Rahmen selbst etwas aussagen (etwa Watzlawick, 1967[6]).

Durch solches »framing« erfaßt man rasch, daß eben die Subjektivierung selbst eine der Folgen der hier thematischen Traumata ist. Andererseits kann die Wahrnehmung der eigenen Ambivalenz eine Vorstufe zur Konstitution des objektiven Objekts und der Einsicht in seine reale Gespaltenheit sein. Erst dieser zweite Schritt jedoch

---

6 Dies ist einer der Punkte, in denen die Psychoanalyse von der Systemtheorie lernen kann. Unsere Kritik an anderen Bestandteilen, vor allem der sogenannten »Systemtherapie« (Fischer & Wurth, 1989), ist davon unberührt.

bewahrt eine Person, die in Verwicklungen mit einem in sich ge-
spaltenen Handlungspartner gerät oder geraten ist, davor, sich
ihrerseits in unproduktiver Weise »verrückt machen zu lassen«
(Searles, 1959) bzw. »verrückt zu bleiben«.
Wie läßt sich nun die Struktur jener am klinischen Beispiel gewonnenen Bewegung näher beschreiben, welche aus dem traumatoge-
nen Dilemma herausführt? Zunächst geht aus dem Behandlungsverlauf hervor, daß die Fähigkeit zur Objektspaltung, dieser therapeutische Veränderungsschritt, keineswegs nur kognitiver Natur
ist. Aspekt (A) des klinischen Beispiels zeigt, daß der Aufbau einer
vertrauensvollen und tragfähigen Arbeitsbeziehung lange Zeit in
Anspruch nehmen kann. In diesem Falle konnte, trotz mancher
Krisen, eine Retraumatisierung des Patienten vermieden werden.
In eine durch allgemeine emotionale Bewegung und Umbruchten-
denzen bestimmte therapeutische Situation bringt der Patient jetzt
unbewußt sein traumatisches Thema ein. Die Analytikerin nimmt
hier eine situationsgerechte Haltung ein (B), die ich nach den vorausgegangenen Überlegungen nun genauer definieren kann, indem
ich sie als eine über das »subjektive Objekt« entschieden hinaus-
weisende, auf das objektive Objekt und die objektiven Rahmenbedingungen der traumatischen Situation gerichtete Intervention bezeichne. In einem weiteren Schritt (C) erprobt dann der Patient die
neugewonnene Fähigkeit zur Objektivierung und Objektanalyse
im Rahmen der Übertragungsbeziehung, indem er z. B. der Analytikerin eine zutreffende Deutung gibt, und stärkt so die Abgrenzung innerhalb wie außerhalb der analytischen Situation gegen
den traumabedingten und bisher dominanten persönlichkeitstypischen Erlebniskomplex. Vom Behandlungsverlauf her nachzutra-
gen bleibt noch, daß Herr K. nach diesem Befreiungsschritt nun
auch trauern konnte. In seinen Worten: »Wie jemand, der im
Zuchthaus saß und doch, so schlimm es auch war, davon Abschied
nehmen muß.«
Ich nehme an, daß die drei beschriebenen Aspekte – die Festigung
des Arbeitsbündnisses bis zu einem kritischen Punkt, Transzendenz
des subjektiven Objekts und Bearbeitung in der Übertragungsbeziehung – zusammengenommen die Momente jenes therapeutischen Veränderungsschrittes bilden, den ich als die Fähigkeit zur

Objektspaltung bezeichne. Diese drei Momente halte ich für konstitutiv. Im Einzelfall mögen andere Aspekte hinzukommen, die ich noch nicht berücksichtigt habe. Außerdem nehme ich an, daß die Abfolge der Schritte untereinander begrenzt variieren kann. Beispielsweise können die traumabedingten Phantasien auch zunächst in der Übertragung bearbeitet werden. Der von Jiménez (1988) veröffentlichte Bericht der psychoanalytischen Behandlung eines vom Vater homosexuell mißbrauchten Patienten zeigt aber eindrucksvoll, daß dieser Weg, im Gegensatz zu weitverbreiteten Annahmen, keineswegs automatisch zu einer Lösung führt. Sehr leicht kann es hierbei zu einer Retraumatisierung des Patienten kommen (zur Kritik an einer »Nur-Übertragungsanalyse« vgl. auch Blum, 1983). Jene Abweichung von der üblichen psychoanalytischen Behandlungstechnik, die Jiménez praktiziert, läßt sich der hier beschriebenen Bezugnahme auf das objektive Objekt zwanglos zuordnen. Vom »archimedischen Punkt« gelingender Objektspaltung aus können und müssen die unterschiedlichsten Aspekte der traumatischen Situation dann systematisch durchgearbeitet werden, wie auch aus Jiménez' Arbeit hervorgeht.

Schließlich ist in diesem Zusammenhang noch zu berücksichtigen, daß der Fähigkeit zur Objektspaltung, verstanden als Einsicht in die reale Gespaltenheit des Objektes, nicht nur traumabedingte Abwehrprozesse entgegenstehen, sondern auch eine »Einheitsillusion« in der Selbst- und Objektwahrnehmung, die man beinahe als eine Art anthropologische Konstante betrachten muß.

So hatten wissenschaftsgeschichtlich Psychologie und andere Humanwissenschaften über lange Zeit keinerlei Konzepte, die der realen Widersprüchlichkeit des menschlichen Erlebens und Verhaltens gerecht geworden wären. Freuds Entdeckung des »dynamisch Unbewußten« stellt den entscheidenden Wendepunkt dar. Dennoch leben auch in der Psychoanalyse unangemessene Einheitsillusionen fort, die sich klinisch z. B. zeigen in der diagnostischen Unterstellung einer einheitlichen, zentralen Persönlichkeits-»Struktur«, was dann bekanntlich zur Konstruktion von manchmal recht abenteuerlichen »Strukturkombinationen« führt. Mit der Vorstellung verschiedener abgespaltener und relativ autonomer Eigenbereiche der menschlichen Persönlichkeit, welche die Einheitsillusion nachhaltig untergräbt, haben sich nur wenige mutige Forscher befaßt. So etwa Federn (1952) in seiner Theorie der »Ichzustände«, die für seine Psychosentheorie von zentraler Bedeutung ist. Oder ein nordamerikanischer Schüler Federns, Mardi Horowitz, dessen »Konfigurationsanalyse« verschiedener »states of mind« (1979) sich für die empirische Psychotherapieforschung gerade deshalb als besonders fruchtbar erweist (vgl. Fischer, 1989), weil die Annahme multipler, untereinander oft wenig verbundener »Erlebniszustände« der klinischen Wirklichkeit weit besser entspricht als alle »zentralistischen« Persönlichkeitskonzeptionen. Lacan hat mit seiner Theorie des »Spiegelstadiums« einen originellen Beitrag zur Ontogenese der Einheitlichkeitsillusion geleistet (1949). Zumindest einige von Lacan inspirierte Autoren (etwa Deleuze & Guattari, 1972) haben jedoch Lacans Kritik an dieser »imaginären« Illusion in eine Glorifizierung von Fragmentierungs- und Spaltungsphänomenen aller Art verkehrt. Demgegenüber ist festzuhalten, daß eine Dissoziation der Persönlichkeit in autonome Erlebniszustände, dann vor allem, wenn kein »supraordinate ego« (Horowitz, 1983; vgl. auch 1977) sie mehr koordiniert, ein hochgradig pathologisches Phänomen darstellt. Interaktionspartner solcher Persönlichkeiten werden, wenn sie zur Objektspaltung unfähig sind und der »Einheitsillusion« verhaftet bleiben, in die in dieser Arbeit behandelte traumatische Lage versetzt.

»Splitting« – Abwehr oder Bewältigungsversuch?

Die bisherigen Überlegungen gestatten nun, eine Antwort auf die eingangs aufgeworfene, in der Literatur kontrovers diskutierte Frage zu versuchen, ob es sich bei Spaltungsphänomenen hinsichtlich der Bewertungsdimension der Objektbeziehung um einen elementaren Abwehrmechanismus handelt oder nicht. Meine Antwort ist nein. Die psychopathologisch, zumindest phänomenal gut gesicherten und vor allem bei Borderlinezuständen beobachtbaren Spaltungsvorgänge ergeben sich m. E. aus einer Abwehrhandlung, nämlich der Verschiebung, in Kombination mit einem Bewältigungsversuch, der eigentlichen Spaltung. Dies gilt zumindest für jene Patienten, die »reale Erfahrungen« mit traumatisierenden Objekten haben, welche die für seelisches Wohlbefinden und kognitive

Orientierung relevante Bewertungsdimension beeinträchtigen. Hier wird in einem ersten Schritt eine Verschiebung vorgenommen, fort vom traumatisierenden Primärobjekt und hin auf Substitute. An diesen wiederum wird die hinsichtlich des Primärobjekts verlorene Fähigkeit zur Objektspaltung in exzessiver Weise im Sinne eines Bewältigungsversuches bestätigt. Die sekundären Bezugspersonen, bisweilen die gesamte personale Umwelt, werden jetzt einem starren Freund/Feind-Schema unterworfen. Eine solche Schwarz/Weiß-Sicht der zwischenmenschlichen Welt, einmal etabliert, behindert die interpersonelle Kompetenz und Orientierung des Betroffenen in oft extremem Maße. Dies erscheint mir aber als Folge der krampfhaften Bemühung, jene verlorene Wertorientierung nunmehr an »untauglichen Objekten« und daher in realitätsferner und übersteigerter Form zu üben, die am Primärobjekt nicht geleistet werden kann. Für diese Rekonstruktion der dynamischen Zusammensetzung von Spaltungsvorgängen spricht auch der Umstand, daß pathologische Spaltung eines derjenigen Merkmale ist, worin sich Borderlinepatienten von Psychotikern, von Paranoiden etwa, unterscheiden. Das könnte bedeuten, daß hier eine Fähigkeit, nämlich die zur Objektspaltung, erhalten ist, welche bei psychotischen Zuständen verlorengeht. Beim Paranoiden etwa scheint die Differenzierungsfähigkeit in bezug auf die Objektwelt umfassend beeinträchtigt zu sein, wenn nämlich die »all-bad/all-good«-Spaltung mit der Subjekt/Objekt-Differenzierung zusammenfällt. Bleibt sie auch hier nicht stabil, so tritt jener »Objektverlust« ein, den Freud (1915) als Ausgangspunkt schwerer psychotischer Verläufe erkannte. Ich beschränke diese psychodynamische Rekonstruktion von Spaltungsprozessen auf Borderlinepatienten oder andere Patienten mit Spaltungsphänomenen, in deren Lebensgeschichte gravierende reale psychosoziale Traumatisierung wirksam war oder ist.[7]

---

7 Die wenigen bisher vorliegenden Studien zu lebensgeschichtlichen Erfahrungen von Borderlinepatienten ergaben einmal familiäre Kommunikationsstörungen, welche denen von Familien mit schizophrenen Mitgliedern vergleichbar sind (Goldstein & Jones, 1977). Zum andern vermuten Masterson & Rinsley (1980) eine durchgehend negative Reaktion der Mutter auf Ablösungsbemühungen des Kindes als einen disponierenden Faktor. Beides läßt

Therapeutische Erfolge und Mißerfolge
bei Realtraumatisierung

In der psychotherapeutischen Erfolgs- und Mißerfolgsforschung (Strupp et al., 1977) sind noch zahlreiche Probleme offen. So wichtig insbesondere die Mißerfolgsforschung für die klinische Arbeit ist, liegen speziell von psychoanalytischer Seite hier doch erst wenige Ansätze und Konzepte vor (etwa Langs, 1973, 1974, 1975). Ich werde jetzt die These, daß die Fähigkeit zur Objektspaltung veränderungstheoretisch ein notwendiges Zwischenstadium in gelingenden Behandlungsverläufen mit real traumatisierten Patienten bildet, so ausformulieren, daß sie in der psychoanalytischen Prozeßforschung und klinischen Praxis überprüft werden kann. Meine Hypothese ist, daß dann und immer dann, wenn in der Lebensgeschichte eines Patienten eine Realtraumatisierung vorliegt, welche die Objektrepräsentanz in ihrer Bewertungsdimension betrifft, in erfolgreich verlaufenden Behandlungen ein abgrenzbares Stadium zu beobachten ist, welches der beschriebenen Fähigkeit zur Objektspaltung strukturell entspricht. Dies ist die positive Formulierung. Die negative Version: Dann und immer dann, wenn dieses Stadium nicht erreicht wird, kommt es zu keiner dauerhaft produktiven Veränderung des Patienten oder gar zu einer Retraumatisierung und Schädigung. Ich vermute, daß insbesondere langwierige, schwer abschließbare und letztlich, zumindest für den Patienten, unbefriedigende Verläufe eine dieser negativen Folgen sind.

Für die positive Version kann ich neben meiner klinischen Erfahrung vorerst nur wenig Evidenz erbringen. Die Arbeit von Jiménez mit einem vom Vater homosexuell mißbrauchten Patienten hatte ich schon erwähnt. Sie ist auch klinisch-methodologisch (vgl. Fischer, 1988) insofern interessant, als sie eine Art »prä-post-design« aufweist. Jiménez hatte über ungefähr zwei Jahre das Trauma vor allem in der Übertragung bearbeitet, bevor er sich, wohl im therapeutisch richtigen Augenblick, zu der technisch ungewöhnlichen

sich zumindest als Hinweis darauf verstehen, daß Borderlinepatienten nicht selten mit widersprüchlichem, in sich gespaltenem Verhalten von seiten ihrer primären Beziehungspersonen konfrontiert sind.

objektiven Bezugnahme auf den Vater entschloß, die mit einem Wendepunkt in der Behandlung einherging. Dabei vermutet der Autor, daß in den ersten beiden Jahren der Analyse eine »pseudo-kathartische« Übertragungswiederholung des Traumas stattfand. Die Übertragungssituation hatte sich schließlich bis zu dem Punkt zugespitzt, daß der Analytiker die Projektion des Patienten nicht länger zulassen und sie jetzt auch produktiv deuten und überwinden konnte.

Ein anderes Beispiel berichten Löw-Beer & Thomä (1988). Auch dieses ist klinisch-methodologisch von besonderem Interesse insofern, als die Autoren bei ihrem Behandlungsbericht nicht primär von traumatheoretischen Gesichtspunkten ausgehen. Sie rekonstruieren vielmehr einen offenbar erfolgreichen Verlauf und stoßen dabei auf einen produktiven Veränderungsschritt des Patienten, den ich zur vorgetragenen Hypothese in Beziehung setzen möchte. Bei diesem Patienten lag u. a. eine Traumatisierung vor im Zusammenhang mit einer sehr problematisch verlaufenen medizinischen Behandlung (vgl. Petri, 1988, S. 83 ff.): Als Heranwachsender mußte er sich einer Mandeloperation unterziehen, bei der er starke Schmerzen hatte, sich nicht äußern oder sonst wehren konnte, wobei er am eigenen Blut zu ersticken fürchtete. Das Verhalten des Operateurs, wovon der Patient zunächst affektlos berichtete, wird einem unvoreingenommenen Beobachter als wenig einfühlsam oder sogar zynisch erscheinen. Ein Trauma dieser Art dürfte meiner Hypothese nach ebenfalls die Wertdimension der Objektwahrnehmung konfundieren, da medizinische Hilfe ja im Dienste des Patienten angeboten wird und Kranke, nach allgemeiner gesellschaftlicher Übereinkunft, Pflege und Rücksichtnahme genießen sollten. Die Erfahrung einer vermeidbaren Mißhandlung wird einen von diesen Grundsätzen überzeugten Patienten in ein Wahrnehmungsdilemma der beschriebenen Art versetzen. Der Psychoanalytiker verwendete hier eine Technik, die von den Autoren als »Dramatisierung« bezeichnet wird. Wie in einem Rollenspiel übernimmt der Therapeut darin die Position des Patienten, formuliert dessen Hilflosigkeit, seinen Schmerz und seine Verwirrung so gefühlsnah, daß er die erlittene Demütigung, Verwirrung sowie seine Wut hierüber schließlich zu erleben vermag. Dieser Schritt erschien in der Verlaufsanalyse als ein therapeutischer Wendepunkt. In ihrer Erklärung des Phänomens greifen die Autoren auf eine Theorie der »Nachträglichkeit« zurück: Erst nachträglich, durch die hilfreiche Haltung des Therapeuten, sei dem Patienten eine auch gefühlsrelevante Bewertung der traumatischen Situation ermöglicht worden (S. 101). Ich halte diese Erklärung zumindest für zweifelhaft. Warum sollte der Patient damals keine eigenen Gefühle von Empörung, Demütigung etc. empfunden haben? Die evaluative Konfusion und daraus resultierende Affektabspaltung, Verleugnung, Derealisierungstendenz usf. (s. o.) erscheinen mir als eine zumindest ebenso plausible Annahme. Die hilfreiche und unterstützende Haltung des Therapeuten zusammen mit der für real Traumatisierte in manchen Fällen günstigen »Dramatisierungstechnik«, sofern diese eben nicht nur eine »Technik« ist, hätte dann, der Hypothese nach, den zweiten Schritt, die Überwindung der subjektiven Reflexion, erleichtert oder auch ermöglicht.

Für die Negativversion der Hypothese gibt es gegenwärtig nur wenig Evidenz. Ein Grund dafür liegt wohl in dem Umstand, daß psychoanalytische Mißerfolge, von seiten der Therapeuten zumindest, bislang nur selten veröffentlicht wurden, sieht man von Freuds Fällen wie etwa der »Dora« (1905) einmal ab. Ein indirekter Hinweis läßt sich aus der schon erwähnten Arbeit von Williams (a. a. O.) entnehmen, in der es um einen im Kleinkindalter homosexuell mißbrauchten Patienten geht.

Hier hatte bereits eine 4jährige Erstanalyse mit 5 Sitzungen pro Woche stattgefunden, die aber erfolglos blieb. Der Erstanalytiker äußerte der Zweitanalytikerin gegenüber zwar seine Überzeugung, daß ein Realtrauma vorliegen müsse, hatte hieraus jedoch keine therapeutischen Konsequenzen gezogen. Williams' Bericht legt nun die Annahme nahe, daß der erste Analytiker über Jahre hinweg der Abwehrbewegung des Patienten gefolgt war, insbesondere dessen Derealisierungs- und Verleugnungstendenz. Von daher darf man die Erstanalyse, die anschließend noch zu einer 15jährigen, ebenfalls erfolglosen Nachbehandlung führte, als Beleg für die Vermutung verstehen, daß die Vernachlässigung von Realtraumatisierung zu langwierigen und letztlich unbefriedigenden Behandlungsverläufen führt. Allerdings konnte der Patient auch in der – relativ erfolgreichen – Zweitanalyse die »Fähigkeit zur Objektspaltung« nicht erreichen (vgl. Williams, S. 954), was u. a. wohl darauf zurückzuführen ist, daß wegen des frühen Zeitpunkts der Traumatisierung keine direkte Erinnerung an das Ereignis mehr möglich war. Diese Beobachtung steht zur Positivversion der hier vertretenen Hypothese nicht im Gegensatz, da diese sich auf jene Formen von Traumatisierung beschränkt, welche primär die Bewertungsdimension der Objektwahrnehmung verzerren, sehr frühe Traumata hingegen ausschließt, von denen vorzüglich die Subjekt/Objekt-Differenzierung betroffen sein dürfte. Besonders destruktive Auswirkungen einer Behandlung erwarte ich für den Fall, daß sich der Patient seinerseits an ein reales Trauma erinnert, während der Analytiker, ob nun aus Abwehr und/oder theoretischer Voreingenommenheit, eine sogenannte »traumatische Phantasie« unterstellt.

Im folgenden gehe ich auf einige weniger drastische, mehr alltägliche therapeutische Fehler ein, die gleichwohl bei der Negativversion der hier vertretenen Hypothese relevant sein könnten. Eine besondere Schwierigkeit scheint mir dann zu entstehen, wenn der Psychoanalytiker die von Freud empfohlene »Abstinenzregel« (etwa 1919) als eine »neutrale Haltung« dem Patienten gegenüber mißversteht. Eine differenzierte Kritik dieses Mißverständnisses und seiner theoretischen wie praktischen Folgen findet sich bei Becker (1988). Der dort erwähnte Frankfurter Analytiker Kutter empfiehlt den Psychoanalytikern und Psychotherapeuten anscheinend sogar eine »Grundhaltung« wohlwollender Neutralität (ebd.). Eine der Folgen »wohlwollender Neutralität« beim therapeutischen Umgang mit Realtraumata dürfte sein, daß der Analytiker dem Patienten den Schritt zur Objektanalyse nicht erleichtern kann oder ihn gar in eigenen Ansätzen dazu behindert. Statt dessen würde die Analytikerin in meinem klinischen Beispiel »subjektanalytisch« vielleicht die heimliche Komplizenschaft des Patienten mit seinem Bruder betonen oder eventuell sogar dessen abgewehrte homosexuelle Wünsche »deuten«. Vorsichtige Formulierungen in diese Richtung erwiesen sich im geschilderten Behandlungsverlauf als wirkungslos. Führt man diese Deutungsrichtung, die ihrem propositionalen Gehalt nach nicht einmal falsch ist, konsequent durch, so würde dies sehr wahrscheinlich zerstörerische Folgen für den Patienten haben. Dennoch wird sie, nach meiner Kenntnis von Behandlungsverläufen, nicht selten eingeschlagen, da sie manchen Analytikern als »triebtheoretisch« besonders ergiebig erscheint. Innerhalb der Negativversion der Forschungshypothese nehme ich an, daß Interventionsstrategien dieser Art, zumindest wenn sie vor dem Stadium der Objektspaltung und konsequent eingesetzt werden, keine positiven, sondern negative Auswirkungen haben.

Aufgrund seiner psychoanalytischen Erfahrungen mit Folteropfern in Chile kommt D. Becker zu der drastischen Formulierung, daß eine therapeutisch-neutrale Haltung dem Gefolterten gegenüber für diesen einer erneuten Folterung gleichkäme (1989). Jene Haltung hingegen, die sich in der Extremsituation als hilfreich erwies, bezeichnet der Autor als »vinculo comprometido«, als sich einlassende, ja sich kompromittierende Bindung des Therapeuten. Wie sich von dieser solidarischen Basis aus die analytisch notwendige Abstinenz (nicht Neutralität!) verwirklichen läßt, beschreibt Bekker in sehr eindrucksvoller und überzeugender Weise.

Eine weitere »Grundhaltung« scheint mir für den Umgang mit Traumapatienten ebenfalls eher schädlich als nützlich zu sein, welche Masson (1982) mit dem Goethe-Freud-Zitat umschrieb: »Was hat man dir, du armes Kind, getan!« Von dieser Haltung entmündigender Larmoyanz scheinen mir auch einige Arbeiten von Alice Miller, deren Verdienste in der Traumaforschung ich ansonsten sehr anerkenne, nicht frei zu sein (etwa 1988; zur Kritik vgl. auch D. Becker, a. a. O.). Eine dritte Haltung schließlich bezeichne ich als den »Versöhnungsreflex«. In der psychoanalytischen Fachliteratur läßt sich beobachten, daß beim Stichwort »traumatisierende Eltern« alsbald geradezu reflexhaft als weiteres Stichwort der Ausdruck »Versöhnung« fällt, und zwar mit der Implikation, daß es die Pflicht traumatisierter Kinder sei, sich um ihrer seelischen Gesundheit willen mit ihren Eltern zu versöhnen: Als dürfte die Psychoanalyse, wenn die Traumafolgen bearbeitet sind, es nicht dem mündigen und erwachsenen Patienten überlassen, ob er sich mit Beziehungspersonen seiner Vergangenheit versöhnen will und kann oder nicht. Diese drei »Haltungen«: die bürokratische Grundhaltung des eingefrorenen Lächelns oder der »wohlwollenden Neutralität«, die infantilisierende Larmoyanz und der »Versöhnungsreflex« lassen sich nach meiner Erfahrung nicht nur in der Literatur, sondern auch in der klinischen Praxis beim Umgang mit Realtraumatisierten beobachten. Sie stellen zugleich drei wichtige Varianten eines Gegenübertragungswiderstandes (vgl. etwa Koellreuter, 1987) dar, der ein angemessenes klinisches und theoretisches Verständnis von Realtraumatisierung oft behindert hat und behindert. Unter psychodynamischen Gesichtspunkten bilden diese drei Haltungen zugleich Bestandteile einer Abwehrformation, welche die allein angemessene »Haltung« der Psychoanalyse im Umgang mit Realtraumatisierung und anderen klinischen Problemen hintertreibt, nämlich die einer von humanitären Zielen geleiteten, unreduzierten Wissenschaftlichkeit, welche sich an der klinischen Erfahrung orientiert und stets bereit ist, eingefahrene Denkgewohnheiten zu hinterfragen und problematische therapeutische Praktiken zu überprüfen.

5 Praxeologie und therapeutische Transformation

5.1 Paradoxe Intervention und Einsicht

»Psychotherapie geschieht dort, wo zwei Bereiche des Spielens sich überschneiden: der des Patienten und der des Therapeuten. Psychotherapie hat mit zwei Menschen zu tun, die miteinander spielen. Hieraus folgt, daß die Arbeit des Therapeuten dort, wo Spiel nicht möglich ist, darauf ausgerichtet ist, den Patienten aus einem Zustand, in dem er nicht spielen kann, in einen Zustand zu bringen, in dem er zu spielen imstande ist.« (*D. W. Winnicott*, 1968, S. 49)

Die Befürworter paradoxer Interventionsformen in der Psychotherapie (etwa P. Watzlawick, 1972, Watzlawick et al., 1974, 1977, M. Selvini et al., 1977) betonen meist in mehr oder weniger deutlich behavioristischer Tradition den Gegensatz zwischen paradoxer Verhaltensmodifikation und »Einsichtstherapie« wie der Psychoanalyse etwa. Hier wird der Begriff »Einsicht« polemisch mit »bloß intellektueller Gedankenakrobatik« – also dem Abwehrmechanismus der »Rationalisierung« bzw. »Intellektualisierung« – gleichgesetzt und einer wirklichen »Verhaltensänderung« entgegengestellt.

Diese Polemik vernachlässigt die möglichen »kurativen und kreativen Aspekte der Einsicht« (H. P. Blum, 1981) und geht davon aus, daß es nur ein Niveau von »Einsicht« gäbe: das einer vollbewußten Verhaltensplanung, die alle inneren und äußeren Handlungsbedingungen in einem gelungenen Handlungsentwurf vereinigt. Therapeutisch wie auch anthropologisch entspricht diese einsichtige Handlungsfähigkeit tatsächlich dem Idealziel etwa der Psychoanalyse. Die analytische Auffassung ist aber insoweit davon entfernt, dieses Ziel idealistisch mit der Handlungswirklichkeit gleichzusetzen, wie sie die Verhaltensplanung als stets konflikthaft begreift. Vor allem sieht sie das »Ich« als planungsfähige Persönlichkeitsinstanz durch aktuelle Konflikte wie lebensgeschichtliche Entwicklungsbedingungen in seinem »Überlegensspielraum« und »Freiheitsraum« (E. Tugendhat, zit. nach W. Loch, 1981, S. 980) bestimmt. Auf einen Aspekt überlegter Verhaltensplanung möchte ich im folgenden näher eingehen: die Fähigkeit zur symbolischen Repräsentation (in Sprache, Vorstellung, Denken) eines konflikthaften Verhaltensmusters. Falls dem Patienten wichtige Voraussetzungen für diese Form von einsichtigem Umgang mit Konflikten fehlen, können auch verbale Interventionen wie empathische Äußerungen, Klarifikationen, Interpretationen nicht mehr in ihrem deskriptiven Gehalt verstanden werden. In dem Maße, wie sie ihre »Darstellungsfunktion« (K. Bühler, 1933, 1934) verlieren, wächst ihr »Appellcharakter« (ebd.) an. Auch wenn der Psychotherapeut mit verbalen Mitteln Einsichten mit dem Patienten erarbeiten möchte, wird er bei diesem Patienten in den konflikthaften Verhaltenszirkel ausweglos mit hineingezogen, eben weil die deskriptive Funktion des Sprachgebrauchs durch die Appellfunktion ersetzt wurde. Für eine solche Situation möchte ich paradoxe Interventionsformen als ein Mittel diskutieren, die Voraussetzungen symbolischer Kommunikation zu schaffen oder wiederherzustellen. Die zentrale Frage hierbei ist, auf welche Weise aus »verhaltensimmanenten« (G. Fischer, 1981, S. 224 ff.) Kommunikationsformen symbolische Verständigung sich entwickeln läßt.

Das Konzept der paradoxen Intervention

Paradoxe Interventionsformen wurden zunächst symptomzentriert entwickelt. So die »paradoxe Intention« bei V. Frankl (1960), in der der Patient dazu angehalten wird, ein vermiedenes und gefürchtetes Symptomverhalten aktiv herbeizuführen. Es wird angenommen, daß es mit der spontanen Symptombildung unvereinbar sei, die fragliche Handlungsweise nun aktiv auszuführen (kritische Überlegungen hierzu bei H. Krisch, 1981). Auch die verhaltenstherapeutische Symptomverschreibung geht von der Annahme aus, daß die willentliche vs. spontane Symptomproduktion jeweils zwei verschiedenen Reaktionslagen entsprechen, die sich gegenseitig hemmen.

Während Watzlawick et al. an der Verhaltenstherapie deren einseitige Ausrichtung auf das »monadische« Individuum kritisieren (1972, S. 223), geben sie eine genauere Definition paradoxer Eingriffe. Diese richten sich nicht gegen das vom Patienten als solches definierte Problem, sondern gegen dessen »Lösungsversuch«, der durch sich selbst den pathologischen Kreislauf aufrechterhält. Solche therapeutischen Lösungen »zweiter Ordnung« erscheinen »häufig absurd, unerwartet und vernunftwidrig; sie sind ihrem Wesen nach überraschend und paradox« (1974, S. 105).

Zumindest insofern erscheinen Watzlawicks »Lösungen« alles andere als paradox (von gr. »para ten doxan« = am gesunden Menschenverstand vorbei gerichtet), als sie mit dem Patienten zusammen an der Definition festhalten, das Symptom sei das eigentliche Übel: eine in sich sinnlose Absonderlichkeit, nach deren Wozu und Warum nicht zu fragen sei (etwa a.a.O., S. 108 ff.). In diesem Punkt ist Watzlawicks Systemtheorie ebensowenig »paradox« wie das Neurosenkonzept der von ihm kritisierten Verhaltenstherapie (eine Grundlagenkritik am Krankheits-, Symptom- und Therapieverständnis der Verhaltenstherapie findet sich dagegen bei M. Bekker et al., 1979, S. 18 ff.). Wirklich gegen den laienhaften gesunden Menschenverstand gerichtet wäre die Frage nach dem Sinn der Symptome, ihrer »progressiven Funktion«, wie sie die Psychoanalyse stellt. Diese Doppelbedeutung von Symptomen, die »ebensogut auf Schädigung des Organismus hinweisen (können) wie auf den Versuch, sie zu verhüten oder zu beheben« (W. Morgan & G. Engel, 1977, S. 26), ist in der organischen Medizin allgemeines Gedankengut und sollte es m.E. auch in der psychologischen sein.

Skizze einer Krisenintervention mit paradoxer Verhaltensaufforderung

Der Patient, ein 26jähriger Lehrer kurz nach seinem Examen, war auf eigenen Wunsch psychiatrisch stationär aufgenommen worden. Bei der Aufnahme bot er das Bild einer »agitierten Depression«, lief ruhelos hin und her und klagte mit sich überschlagender, jammervoller Stimme über körperliche Mißempfindungen verschiedenster Art. Er müsse wahrscheinlich sterben, weil sein Gehirn ins Körperinnere auslaufe. Darüber hinaus verspüre er ein unerträgliches Beben im Kopf, wobei Vorder- und Hinterpartie sich gegenläufig aufeinander zu bewegten. Das Rückgrat sei verrutscht, und bei jedem Schritt schwanke der Boden unter ihm.

Als ich ihn drei Tage nach seiner Aufnahme zu einem ersten psychotherapeutischen Vorgespräch sah, hatte sich sein Zustand trotz relativ hoher Dosen von Neuroleptika noch verschlimmert. Der erste Kontakt war weitgehend mit den verzweifelten Klagen des Patienten erfüllt. Einmal sprang er auf, um sich auf eine im Raum befindliche Couch zu legen. Jammernd forderte er mich auf, mich hinter ihn zu setzen, um ihn zu hypnotisieren. Nur wenn er sich ganz in die Gewalt eines anderen Menschen begäbe, könne er vielleicht geheilt werden. Er äußerte offen seine Enttäuschung, als ich ihm statt dessen »lediglich« drei Gesprächstermine pro Woche ihm gegenüber sitzend anbot, nahm diese aber bis zu seiner Entlassung, ca. 5 Monate später, und noch etwa einen Monat danach ambulant regelmäßig wahr.

Während der ersten drei Wochen unserer Gespräche verschlechterte sich der Gesamtzustand des Patienten zusehends. Die ständigen Klagen brachte er jetzt in leisem, weinerlichem Ton vor, schien sich kaum aufrecht halten zu können, und seine Hand bot bei der Begrüßung keinerlei Widerstand mehr: so kraftlos war er geworden. Auf der Station erklärte er, der Kränkste von allen zu sein, sich nicht mehr waschen oder zur Arbeitstherapie gehen zu können. Die ungläubigen Ärzte, Pfleger und Mitpatienten brachte er auf diese Weise gegen sich auf.

Auch in der Psychotherapie ergab sich eine zunehmende Konfrontation. Allen Verständnis- und Deutungsversuchen seiner Beschwerden setzte er entgegen, daß er an einer »einzigartigen Krankheit« leide, die vollkommen unverständlich sei. Sie führe konsequenterweise in den Selbstmord, wozu er leider nur im Moment zu schwach sei. Aber dank meiner ausgezeichneten Therapie werde ihm dieser Schritt schließlich noch gelingen. Bei diesen Worten pflegte er in einer Weise zu lachen, in der sich Entsetzen und komödiantenhaftes Vergnügen zu mischen schienen. Ich selbst bekam den Eindruck, den Patienten mit Worten überhaupt nicht mehr erreichen zu können, und fühlte mich zunehmend entmutigt. Die unmittelbare Reaktion, die der Patient mit seinem Verhalten bei mir provozierte, war eine moralisierende Kritik wie »nicht zu übertreiben« oder ein Hinweis auf »kränkere« oder »ebenso kranke« Patienten auf der Station, womöglich in irgendeiner »therapeutischen« Verkleidung vorgetragen – ein Reaktionsspektrum, das die Mutter des Patienten in späteren Gesprächen zu dritt exzessiv offenbarte. Diese moralisierende Kritik war offensichtlich das interaktive Gegenstück zum provozierenden Beziehungsappell des Patienten. Beides zusammen ergab ein in sich geschlossenes, »symbolisches« Beziehungssystem, worin der dramatische Machtkampf die enge Bindung von Mutter und Sohn verdeckte und zugleich perpetuierte. Mich darauf einzulassen hätte zum einen bedeutet, meine therapeutische Rolle aufzugeben, zum anderen wäre diese Reaktion auch nicht der wirklichen Verzweiflung des Patienten gerecht geworden, die ich in der (konkordanten) Gegenübertragung spüren konnte. Der Weg von beschreibender und differenzierender Deutung des Beziehungsmusters war möglicherweise schon deshalb verstellt, weil »die Sprache« als Repräsentanz des Dritten auf dem Niveau der exklusiven Zweierbeziehung, auf das der Patient regrediert war, von vornherein unwirksam sein mußte.

In dieser Situation versuchte ich nun mit einer paradoxen Interventionsform zu arbeiten, die ich mit der Stationsärztin und dem Pflegepersonal absprach.[8]

Ich teilte dem Patienten mit, er habe mich endlich überzeugt, daß er an einer einzigartigen Krankheit leide, die auch eine ebenso einzigartige Behandlung erfordere. Möglicherweise sei es besser für ihn, den Tag über im Bett zu bleiben und dort Medikamente einzunehmen, die wir für ihn zusammenstellen müssen, Ruhe und Wärme zu genießen usw. Falls er es aber vorziehe, am Morgen aufzustehen, solle er sich wenigstens auf jede Weise schonen, um eine Verschlimmerung seines Zustandsbildes zu vermeiden, möglichst nicht zur Arbeit gehen, sich überlegen, ob er bei der Toilette nicht lieber Hilfe in Anspruch nehmen wolle.

---

8 Wichtige Anregungen zu diesem Konzept verdanke ich einer Supervisionssitzung mit J. Cremerius, Freiburg.

Der Patient nahm diese Vorschläge mit offensichtlicher Freude zur Kenntnis, ohne aber zunächst von irgendeinem Angebot Gebrauch zu machen. Jedoch am nächsten Tag berichtete er aufgeregt, die Pfleger auf der Station seien »komplett verrückt« geworden. Der schlimmste »Schleifer« von allen, Herr K., habe ihm gesagt, er solle sich doch möglichst schonen. Jetzt sei er wirklich in einem Irrenhaus gelandet. Ich antwortete ihm, daß ich mit den Pflegern gesprochen hätte und sie ebenfalls vom besonderen Charakter seiner Erkrankung hätte überzeugen können.

Der Patient schien noch eine Zeitlang zwischen den Gefühlen der Verwunderung, Irritation und einer freudigen Erleichterung zu schwanken, machte allerdings von keinem der angebotenen Privilegien praktischen Gebrauch. Vielmehr spielte er die möglichen Handlungsweisen in den nächsten Stunden in endlosen Phantasien durch und schien darauf angewiesen, die reale Veränderung weiterhin zu verleugnen. Ein typischer Dialog zwischen uns sah etwa folgendermaßen aus:

»Was glauben Sie, was der Herr K. sagen würde, wenn ich einfach im Bett bliebe?«

»Sie wissen doch, daß er Ihnen das sogar vorschlägt!«

»Das würde der nicht ertragen, jedenfalls nicht auf Dauer!«

So spielte er alle denkbaren Provokationen durch und empfand dabei eine ungeheure Genugtuung.

Parallel zu diesen Gesprächen veränderte sich das Verhalten des Patienten, indem er zunehmend aktiver, energischer wurde und »aufblühte«, wie man auf der Station feststellte. Seine Medikamente waren schon vorher reduziert worden und wurden jetzt ganz abgesetzt. Die Beschwerden des Patienten verschwanden. Die leicht gehobene Stimmung wurde während der stationären Behandlung und Psychotherapie vorherrschend und hielt auch während der Zeit der etwa einen Monat dauernden ambulanten Nachbehandlung an. Bald danach nahm der Patient eine Stelle an einer Privatschule an, wo er erfolgreich tätig war, zumindest über einen Zeitraum von einem Jahr hinweg, bis ich ihn noch einmal sprechen konnte.

Während der regelmäßig stattfindenden analytisch-psychotherapeutischen Sitzungen konnte ein Teil der Dynamik auch seiner Symptombildung mit dem Patienten besprochen werden. Deren

Mechanismus stellte sich als im wesentlichen hysterischer Natur heraus. So ließ sich das Beben, das sich auf der höchsten Stelle des Kopfes konzentrierte, beispielsweise als »Genitalisierung« des Kopfes erkennen. Es war in verschiedenen sexuellen Versuchungssituationen, denen der sexuell gänzlich unerfahrene Patient ausgesetzt war, erstmals aufgetreten. Es wurde allmählich möglich, bestimmte Konflikte auch in der Übertragungsbeziehung zu bearbeiten. Eine gewisse Entlastung brachten ferner Gespräche mit der Mutter des Patienten, deren einziges Kind er war. Sein Vater war seit ca. 10 Jahren tot, und zwischen Mutter und Sohn bestand eine außerordentlich enge Bindung. So war beispielsweise der jetzige akute Krankheitszustand u. a. dadurch ausgelöst worden, daß der Patient eine Arbeitsstelle ca. 200 km vom Wohnort der Mutter entfernt hatte antreten müssen, während er bis dahin stets bei der Mutter gelebt hatte. Die aggressiv getönte Bindung des Patienten an die Mutter kam in Zukunftsvorstellungen zum Ausdruck, in denen sich Rachephantasien mit extremen Abhängigkeitswünschen verbanden. Nach seiner Entlassung aus der Klinik werde er sich als Pflegefall der Mutter in die Wohnung legen. Sogar zum Brötchenholen morgens früh sei er zu schwach. Das werde er so lange betreiben, bis das Ersparte der Mutter aufgebraucht sei, danach werde er dann Suizid begehen.

Bei unserem katamnestischen Gespräch nach ca. 1 Jahr erzählte mir der Patient zunächst von seinem Erfolg an der neuen Arbeitsstelle. Außerdem habe er jedoch eine »schwere Krise« in der Zwischenzeit gehabt, die aber sogar »ohne Valium« nach 2 Tagen vorüber war. Das Beben im Kopf habe wieder eingesetzt, und zwar gerade als er eine junge Frau kennenlernte, die ihm gefiel. Darüber sei er zunächst ganz verzweifelt gewesen, bis ihm dann eingefallen sei, daß ich den Zusammenhang zwischen seinen sexuellen Wünschen und diesem Symptom vorhergesagt hatte: Er müsse nämlich vorsichtig sein, wenn er eine attraktive Frau kennenlerne. Bei anderen würde es in solchen Fällen unten beben, bei ihm aber oben im Kopf. Als er sich an diese Vorhersage erinnerte, habe er das Beben nicht mehr so erschreckend empfunden, und es sei auch bald verschwunden.

Aus dieser kurzen Katamnese geht m. E. hervor, daß der zentrale

Konfliktbereich während der Kurztherapie nicht etwa gelöst oder wesentlich umstrukturiert werden konnte. Das Ergebnis kann allenfalls als Resultat einer Krisenintervention befriedigen, die den Patienten vor einer Chronifizierung seines hypochondrischen Zustandsbildes (vorerst?) bewahrt haben mag.

Spiel und Symbolfunktion

Ich habe die Dynamik des Patienten und Einzelheiten des Therapieverlaufs auch deshalb etwas ausführlicher geschildert, um dem Eindruck vorzubeugen, daß mit irgendeinem paradoxen Trick spektakuläre und dauerhafte Veränderungen zu erreichen wären. Diese einseitige Darstellungsweise hat H. Krisch (1981) m. E. zu Recht an V. Frankls »paradoxer Intention« kritisiert. Entsprechende theoretische Überlegungen wie auch gründliche klinisch-empirische Nachuntersuchungen zu Watzlawicks »Lösungen« und Selvinis »Gegenparadoxa« scheinen mir dringend wünschenswert. Therapeutisch dauerhaft wirksam ist m. E. eher die geduldige Arbeit an der (Übertragungs-)Beziehung als irgendein spektakulärer Eingriff. Soweit aber diese Deutungs- und Beziehungsarbeit unwirksam ist, scheinen handlungsbezogene Interventionen einen möglichen »Parameter« im Sinne K. Eisslers (1953, 1960) bilden zu können.

Die Deutungsarbeit bei diesem Patienten zielte allgemein darauf ab, mit ihm ein Verständnis für die inneren und äußeren Konflikte seiner Lebenssituation zu erarbeiten. Ich blieb aber stets im Zweifel, wieweit solche deskriptiven Deutungsoperationen den Patienten zumindest zum Zeitpunkt der Therapie wirklich erreichen konnten. Dagegen haben sich rückblickend zwei Interventionen als besonders wirksam erwiesen. Die eine sagt einen Zusammenhang zwischen sexueller Versuchungssituation und Symptombildung vorher, die andere kann als »paradoxe« Handlungsaufforderung bezeichnet werden. Auch wenn die erste, die Vorhersage, nicht unter unser engeres Thema fällt, möchte ich im folgenden auch deren psychologische und linguistische Form näher diskutieren. Da sich nämlich beide Deutungen als dynamisch wirksam erwiesen, liegt es nahe anzunehmen, daß sie ein gemeinsames Element aufweisen, welches besonders genau auf die »Ichstruktur« dieses Patienten abgestimmt ist. Dieses gemeinsame Merkmal scheint mir der unmittelbare Handlungsbezug zu sein.

Wie gesagt, wird in der ersten Deutung ein tatsächlicher Zusammenhang zwischen einer bestimmten Umweltkonstellation und einer symptomatischen Reaktion prädiziert (zwischen sexueller Reizsituation und Beben im Kopf). Diese Form von Vorhersage empfehlen auch Bellak und Small u. a. bei, wie es heißt, »schwerem Agieren« (1972, S. 265). Wichtig erscheint nur, daß nicht so sehr die symbolische Darstellung dieses Zusammenhangs für den Patienten überzeugend wirkte, sondern das faktische Zusammentreffen beider Ereignisse. Die Einsicht, das »Aha-Erlebnis«, wird nicht durch symbolische Darstellung eines (psychischen) »Sachverhaltes« hervorgerufen, sondern durch den realen Ereignisablauf selbst, der gewissermaßen im nachhinein die Vorhersage als ein quasi-reales Verbindungsglied mit einbezieht. Für diese Interpretation des Wirkungsmechanismus spricht auch die Tatsache, daß der Patient den von mir aufgezeigten Zusammenhang eher als eine Art Gesetzesaussage zu betrachten schien anstatt als reflektierbare Motivaussage, die ihn zu weiteren Überlegungen veranlaßt hätte. Die Folgerung, zu der er am ehesten tendierte, war, keine Beziehungen zu Frauen mehr aufzunehmen, um nicht wieder zu »erkranken«. Solange diese Denkweise vorherrscht, bleibt die Einsicht in den Mitteilungscharakter der Symptome als einer Körpersprache weitgehend abgeschnitten. Ich habe zwar mehrfach versucht, die Symptombildung interpretativ in weitere lebensgeschichtliche, dynamische Zusammenhänge einzubeziehen und sie auch vor dem Hintergrund der aktuellen Mutterbeziehung des Patienten aufzuzeigen. Nach meinem Eindruck wurde der Patient hierfür allmählich aufgeschlossener. Was sich dann aber rückblickend vor allem als dynamisch wirksam erwies, war die geschilderte faktische Vorhersage eines Zusammentreffens von Symptomen und sexueller Versuchungssituation.

Ebenso im realen, nicht symbolischen Handlungsfeld bewegt sich die für den Patienten überraschende Aufforderung, seinen regressiven Wünschen doch freien Lauf zu lassen. Hier stellte natürlich der straff organisierte psychiatrische Stationsbetrieb einen eigenen »Parameter« dar, der auf eindeutig psychotherapeutisch ausgerichteten Stationen flexibler zu handhaben ist.

Wie läßt sich nun die auffällige Veränderung des Patienten auf die unerwartete oder besser »erwartungswidrige« (G. Fischer, a. a. O., S. 130 ff.) Intervention erklären? Eine Erklärungsmöglichkeit wäre m. E. eine »ichpsychologische«. Durch die Haltungsänderung des Therapeuten wird der gewohnte Kreislauf von Abhängigkeitswunsch und gleichzeitiger Provokation des Objekts unterbrochen und »dem Ich« des Patienten ein neuer »Überlegensspielraum« (W. Loch, a. a. O.) eröffnet. Wohl ohne das Niveau vollbewußter Verhaltensplanung zu erreichen, kann der Patient jetzt »entscheiden«, ob er wirklich regredieren will oder nicht.

Ein zweiter Erklärungsansatz hätte m. E. die Beziehung von realem Verhalten und symbolischer Darstellung eines Verhaltensmusters zum Gegenstand. Für den Übergang von der realen zur symbolischen Ebene scheint die spielerische Betätigung eines zunächst realen Verhaltensmusters von entscheidender Bedeutung zu sein. Ich habe einige grundsätzliche Gedanken hierzu an anderer Stelle ausführlicher entwickelt, als es mir hier möglich ist (a. a. O., S. 224 ff.). Auffallend an diesem Behandlungsverlauf scheint mir zu sein, daß der Patient die reale Aufforderung zu regredieren nicht etwa zum Anlaß für weiteres reales Handeln nimmt, sondern daraus ein Spiel gestaltet, in dem er jetzt erstmalig alle möglichen Provokationen und die Reaktionen des Adressaten hierauf in der Phantasie durchspielen kann. Ich war vorübergehend zum »Mitspieler« dabei geworden, der schließlich auch selbst Spaß an dem Spiel empfinden konnte. Zumindest an einem Punkt war über das »spielerische Symbol« (Piaget, 1959, S. 124 ff.) ein »Als-ob-Verständnis« erreicht worden – Voraussetzung für jede symbolisch-sprachliche Einsicht in Verhaltens- und Erlebnisabläufe.

Ich möchte noch hinzufügen, daß sich m. E. auch spielerisches Verhalten selbst als eine Form von »Einsicht«, als einen symbolischen »Weltentwurf« (G. Klosinski, 1981, S. 142) verstehen läßt. Wenn einfühlsame Erwachsene mit Kleinkindern das Versteckspiel ständig wiederholen, so heben sie damit die für das Kleinkind im Ernstfall immens bedrohliche Situation des Objektverlustes auf ein spielerisch-symbolisches Niveau und machen so die komplexen, zeitlich zerdehnten Vorgänge von Aus-den-Augen-Verlieren und Wiederfinden des Liebesobjektes in ihrem Wiederholungscharakter überschaubar oder eben »einsehbar«. Auch die krisenhaften Vorgänge von Separation und Wiederannäherung (M. Mahler etwa 1968) finden im Weglaufspiel eine symbolische Darstellung. Das Kind möchte ernsthaft den Erwachsenen verlassen, um in »die weite Welt« zu gehen. Der einfühlsame Erwachsene weiß, daß dieser Ernst Bestandteil des Weglauf-und-Wiederkomm-Spiels ist, und er wird dem Kind beispielsweise unauffällig auf seiner Reise folgen, um dann dazusein, wenn das Kind ihn braucht. Auch in diesem Spiel werden die hochkomplexen Verhaltensweisen und Gefühle der Separationsphase symbolisch faßbar und überschaubar gemacht.

Fragen der Indikation

Am ehesten bieten sich handlungsbezogene Interventionsformen, wie es die sogenannten paradoxen in aller Regel sind, bei Patienten mit einer strukturellen Aufspaltung zwischen Verhaltens- und Symbolebene an. Während die Voraussetzungen für das Symbolverständnis verlorengehen, nehmen zugleich die realen Verhaltensweisen eine dem Patienten unbewußte symbolische Qualität an. Hier müssen die Voraussetzungen für ein symbolisches Verständnis von Handlungen erst erarbeitet werden. Eine Möglichkeit hierzu scheinen mir paradoxe Interventionsformen zu bieten. Dies aber nur unter der Bedingung, daß sie in ein »symbolisches Durchspielen« des desintegrierten Verhaltensmusters therapeutisch überführt werden können. Ohne Verbindung mit einem Konzept dynamischer Persönlichkeitsentwicklung scheinen mir paradoxe Interventionsstrategien die Gefahr zu bergen, manipulationsfreudigen Spielereien Tür und Tor zu öffnen (zur Kritik vgl. u. a. Rudolf zur Lippe, 1975, S. 213 ff.).

Ein klinisches Kriterium für die Anwendung handlungsbezogener, eventuell paradoxer Interventionsformen ist die Frage, wieweit Deutungen symbolisch-deskriptiv, ihrem Darstellungsgehalt nach vom Patienten aufgegriffen werden können oder aber selbst als reale Interventionsformen aufgenommen werden (als Angriff, Liebeserklärung, unmittelbare Handlungsaufforderung usw.). In diesem Falle wird jede verbale Deutung ohnehin »paradoxe«, vom Therapeuten jedenfalls nicht beabsichtigte Effekte haben. Schon von daher ist der Therapeut gezwungen, seine Deutungen eben als reale »Sprechhandlungen« auf ihren Stellenwert beim Patienten hin zu reflektieren.

Ich möchte also handlungsbezogene, paradoxe Interventionsformen schwerpunktmäßig jenem Spektrum von Störungen zuordnen, bei denen die Voraussetzungen für einen »einsichtigen« Umgang mit Deutungen erst geschaffen werden müssen, was allerdings »symbolisch-einsichtiges« Verhalten auf einer »verhaltensimmanenten« Ebene bereits impliziert. Um diese Stufen von »Einsicht« unterscheiden zu können, fordert auch H. P. Blum beispielsweise eine entwicklungspsychologische Differenzierung von Typen einsichtigen Verhaltens, indem er feststellt: »the nature of insight itself undergoes development«. Und er fragt weiter: »How much development is necessary for the most limited insight? The child must have negotiated separation-individuation ... and have some advanced structuralization and critical ego functions« (a. a. O., S. 56 f.).

Bevor diese genetischen Fragen geklärt werden können, wären m. E. zahlreiche klinische Untersuchungen erforderlich. Voreilig wäre auch eine Zuordnung des Kriteriums eines symbolischen vs. realen Verständnisses von Sprechhandlungen zu bestimmten klinischen Bildern. Am ehesten in Frage kämen hier Hypochondrie, psychosomatische Syndrome und hysterische Phönomene, die auch Bellak & Small (a. a. O., S. 260) mit »acting-out«, also der Tendenz, Konflikte im Medium des Verhaltens auszutragen, in Verbindung bringen.

Ein klinisch verläßliches Kriterium, um paradoxe Interventionen in Betracht zu ziehen, dürfte die Frage sein, ob ein Patient eine Deutung potentiell als Beschreibung eines »Sachverhaltes«, also deskriptiv aufzunehmen vermag oder sie tendenziell als Handlungsaufforderung versteht.

Eine absolute Trennung dieser beiden Aspekte ist natürlich niemals möglich, es kommt also auf das relative Gewicht des einen oder anderen Aspektes an. Bei deutlichem Übergewicht des »Appellcharakters« werden dann Deutungen selbst zu realen Handlungen umfunktioniert, und der Therapeut muß eventuell durch »Gegenparadoxa« zu verhindern suchen, daß seine Interventionen in das Wiederholungsmuster des Patienten bestätigend einbezogen werden. Ein solcher »Parameter« scheint mir aber grundsätzlich nur dann gerechtfertigt zu sein, wenn er so angelegt werden kann, daß er Einsichten als neuartige emotionale Erfahrungen vermitteln kann und/oder die Voraussetzungen für symbolgeleitetes, einsichtiges Handeln schafft.

5.2 Trauma und Kreativität – Selbstheilungsprozesse in Psychotherapie und Kunst

Ich hoffe mit diesem Thema einen Eindruck vermitteln zu können von den Selbstheilungsprozessen der Psyche und des menschlichen Geistes. Wenn wir psychische Traumata als seelische Verletzungen in Analogie zu körperlichen verstehen, so können wir erwarten, daß auch unser Seelenleben über besondere Wundheilungskräfte verfügt. Je genauer wir diese Vorgänge verstehen, desto eher können wir innerhalb und außerhalb einer Psychotherapie den natürlichen Selbstheilungsprozeß des Menschen unterstützen. Ich versuche im folgenden zu zeigen, daß dieser Selbstheilungsprozeß wesentlich in einer produktiven Umbildung von Kategorien besteht, die unser bislang gültiges prätraumatisches Selbstverständnis geleitet haben, und daß es sich hierbei um kreative Vorgänge handelt, die sich in Kunst und Philosophie ebenso aufzeigen lassen wie in psychotherapeutischen Veränderungsprozessen.

Was ist ein psychisches Trauma?
Die in der klinischen Praxis gegenwärtig verbreitetste Definition ist das sogenannte PTSD (post traumatic stress disorder) aus dem Diagnostischen Manual der nordamerikanischen Psychiatrischen Gesellschaft mit folgenden vier Kriterien:

1 Ereignisse oder Umstände, die außerhalb normaler menschlicher Erfahrung liegen und die für nahezu jeden außerordentlich belastend sind,
2 ständiges Wiedererleben der traumatischen Situation,
3 Vermeiden von Reizen, die in irgendeiner Form mit der traumatischen Erfahrung verbunden sind, oder generelle emotionale Abstumpfung,
4 dauerhaft gesteigerte Schreckhaftigkeit.

Fragt man über diese Konstellationen hinaus nach dem Entstehungsmechanismus des Traumas, so sind geschichtlich zwei Ansätze von Bedeutung. Abraham Kardiner, ein früher psychoanalytischer Traumaforscher, zählte das Trauma zu den »Physioneurosen« im Gegensatz zu den Psychoneurosen. Er nahm an, daß Traumata deswegen so hartnäckig wirken, weil sich in ihrer Folge unsere physiologische Reaktionsbereitschaft, insbesondere die Streßreaktion, verändert. Diese Annahme wird durch die moderne neuropsychologische und neuroendokrinologische Traumaforschung bestätigt. Ein zweiter Meilenstein ist die Fortentwicklung des Freudschen Traumakonzepts durch den nordamerikanischen Psychoanalytiker, Psychiater und Kognitionswissenschaftler Mardi Horowitz. Während Freud das Trauma als eine Überflutung des psychischen Systems mit unphysiologischen Reizen verstand und die eingetretene Verletzung energetisch umschrieb, spricht Horowitz von einem »Informationstrauma« im Sinne einer Diskrepanz zwischen den vorbestehenden kognitiven und emotionalen *Schemata* einer Person und der durch das traumatische Ereignis repräsentierten Information. Unter Schema versteht die moderne Kognitionswissenschaft – seit Piaget und Bartlett – ein strukturiertes Wahrnehmungs- und Handlungsmuster, durch das wir unsere Umwelt interpretieren und zugleich handelnd verändern. Erschütternde oder verletzende Ereignisse unterlaufen oder durchbrechen die Deutungskapazität unserer Schemata und führen so zu einem Zusammenbruch unserer Orientierungs- und Handlungsmöglichkeiten. In diesem Fall müssen die persönlichkeitstypischen Schemata so lange umgebildet werden, bis das traumatische Ereignis integriert werden kann. Dies ist ein langwieriger Prozeß, wie etwa die Trauer um den Verlust einer geliebten Person zeigt. Manchmal dauert es Jahre, bis der Bestand kognitiv-emotionaler Schemata so umgebildet ist, daß der Verlust anerkannt und in einen veränderten Lebensentwurf integriert werden kann.

Die folgende Definition des Traumas faßt neben dem Aspekt des erschütterten Selbst- und Weltverständnisses, den persönlichen Schemata, die wichtigsten gegenwärtig diskutierten Aspekte des Traumas zusammen, wie etwa die erlernte Hilflosigkeit.

»Trauma ist ein vitales Diskrepanzerlebnis zwischen bedrohlichen

Situationsfaktoren und individuellen Bewältigungsmöglichkeiten, das mit Gefühlen von Hilflosigkeit und schutzloser Preisgabe einhergeht und so eine dauerhafte Erschütterung von Selbst- und Weltverständnis bewirkt« (Fischer et al., 1995, S. 545).

Der Psychotraumatologie als Forschungsprogramm stellt sich damit die Aufgabe, Ursachen und Verlauf seelischer Verletzungen systematisch zu erforschen. Von besonderem Interesse ist die Reorganisation persönlichkeitstypischer Schemata, wie wir sie in Psychotherapien oder in spontanen Selbstheilungsprozessen beobachten können.

Trauma und künstlerische Gestaltung bei René Magritte

Ich beziehe mich im folgenden auf ein Bild von René Magritte, *Der Geist der Geometrie* (*L'esprit de géométrie*; 1936 oder 1937) nach der Quelle D. Sylvester, 1992, S. 57. Ich gebe zunächst eine Beschreibung. Auf den ersten Blick scheint das Bild einen Erwachsenen zu zeigen, der ein Kind auf dem Arm hält. Dem Betrachter wird aber sofort klar, daß etwas nicht stimmt: Der Kopf auf dem Erwachsenenkörper ist der eines Kleinkindes, eines kleinen Jungen, der Kopf auf dem Kinderkörper ist der einer erwachsenen Frau. Indem die Köpfe von Mutter und Sohn vertauscht sind, hat auch eine Verkehrung der Rollen stattgefunden: Der Sohn trägt die Mutter. Der Erwachsenenkörper ist Kleidung und Händen nach weiblich, den sehr breiten Schultern nach aber eher männlich und wirkt mit dem babyhaften Kopf wie aufgeblasen; die Kind-Mutter auf dem Arm wirkt zwergen-, greisenhaft und kindlich hilflos zugleich.

Der Ausdrucksgehalt eines Kunstwerks vermittelt sich oft über Gefühlsreaktionen, die es unmittelbar bei uns auslöst. Sich diese Gefühle bewußt zu machen, ist ein Schlüssel auch zum Verständnis des Werkes. Bei diesem Bild dürften es Erstaunen, Befremden und vielleicht Verwirrung über die wie selbstverständlich in unsere Sehgewohnheiten eingetragene Verkehrung eines Mutter-Kind-Verhältnisses sein. Die Mutter ist das Baby, und das Baby, ein erwachsener, breitschultriger Mann, übernimmt, weiblich gekleidet, die Rolle der Mutter.

Das Bild stammt von 1936 oder 1937. Erst in den fünfziger Jahren entwickelten Familienforscher den heute allgemein bekannten Begriff der »Parentifizierung«: Manche Eltern drängen ihre Kinder dazu, ihnen gegenüber eine Elternrolle einzunehmen, oder Kinder spüren intuitiv die Hilflosigkeit ihrer Eltern, wie bei Kindern psychisch kranker Eltern die Regel, und versuchen, sie durch Bemutterung der Eltern auszugleichen.

Aus der Biographie des Künstlers ist bekannt, daß Magrittes Mutter Regina an chronischer Depression, wahrscheinlich aber an einer schizophrenen Erkrankung litt. Die Kinder psychisch kranker Eltern werden, vor allem während der schizophrenen Episoden, mit einem bizarren, unverständlichen Verhalten konfrontiert, das paradoxerweise von den ihnen vertrauten Personen ausgeht. Diese Erfahrung sprengt das kindliche Verständnisvermögen und schafft damit eine potentiell traumatische Situation im oben definierten Sinne. Soll diese Erfahrung in den Wissensbestand des Kindes, die Schemata seines Weltbildes, integriert werden, so besteht ein Lösungsweg darin, die Kategorien des gewöhnlichen Selbst- und Weltverständnisses so umzubilden, daß die bizarre, unverständliche Erfahrung zum Normalfall wird. Nichts ist dann so, wie es in der Alltagswelt zunächst erscheint. Die unheimliche Erfahrung kann jederzeit hereinbrechen, und die Grenze zwischen den Dingen, aber auch zwischen Traum und Wirklichkeit, verschwimmt.

Als Beispiel hierfür kann auch das Bild *Entdeckung* (*Découverte*, 1927; Sylvester, S. 165) gelten. Es handelt sich um das Aktbild einer sitzenden Frau, einer dunkelhaarigen, üppigen Schönheit vor graublauem, einem düsteren Wolkenhimmel ähnelnden Hintergrund. Das Bild endet bei den Oberschenkeln der Frau; ihre Sitzunterlage ist nicht sichtbar, so daß die nackte Frau und die Dunkelheit hinter ihr allein das Bild ausmachen. Das Fleisch dieser Frau geht an dem Betrachter zugewandten Stellen – ohne Übergang und quasi selbstverständlich – in kräftig gemasertes Holz über: in Teilen des Gesichts, fast durchgehend von einer Schulter über Brust, Bauch, Hüfte zur einen Gesäßbacke und an der Innenseite des einen Oberschenkels.

Vor allem in seinen stilistischen Entwicklungen und Experimenten scheint Magritte den angedeuteten Weg der »Aufhebung« seines Traumas mit großer Konsequenz gegangen zu sein. Die Materie des weiblichen Körpers wird gleichsam ohne Vorwarnung in ein anderes Material, in gemasertes Holz, überführt. Dieser Effekt wird erreicht, indem alle visuellen »Marker«, die die Grenze zwischen beiderlei Materie anzeigen könnten, sorgfältig entfernt sind.

Von diesen und anderen Beispielen her liegt die Annahme nahe, daß vor allem die formalen, stilistischen Erfindungen es dem Künstler erlauben, eine kreative Ausdrucksform für seine traumatische Erfahrung zu finden.

Bei den *Träumereien eines einsamen Spaziergängers* (*Les rêveries du promeneur solitaire*, 1926, Sylvester, S. 13) ist die Rückansicht eines einsamen Spaziergängers zu sehen, der durch eine neblige, in kaltem Weiß-Blau-Grau gehaltene Dämmerungslandschaft mit verhangenem Himmel geht. Die mit dunkler Melone und Mantel bekleidete düstere Gestalt des Mannes wirkt ausdruckslos und statisch. Links von ihm verläuft ein Fluß, über den im Hintergrund eine Holzbrücke führt.

Im Vordergrund des Bildes, unmittelbar vor dem Mann auf der Höhe seiner Oberschenkel, schwebt quer eine nackte, sehr starre weißliche Figur, vielleicht ein leichenartiger menschlicher Körper, vielleicht eine Schaufensterpuppe. Die bleiche Weiße der Figur und ihre genau parallele Lage schaffen eine Verbindung zur Brücke im Hintergrund, deren Boden im gleichen hellen Weiß leuchtet.

Inhaltlich hat dieses bekannte Bild besonders deutlich autobiographische Züge. Seine emotionale Wirkung verdankt sich vor allem dem formalen Kontrast zwischen dem realistisch gemalten Spaziergänger und der Landschaft einerseits und der schwebenden Traum- oder Phantasiegestalt andererseits. Durch das erwähnte stilistische Mittel der Entfernung von Markern der Realität, von abgegrenzten Gegenständen oder auch von Realitätstypen, wie etwa hier von Traum und Wirklichkeit, versetzt uns Magritte seinen Bildern gegenüber in eine ähnlich befremdliche Welt wie die seiner Kindheit, gemildert vielleicht durch jene Sicherheit, die die künstlerische Darstellung des Traumas verleihen kann, der Versuch, dem unfaßlichen Geschehen Ausdruck zu verleihen. Als Magritte 12 Jahre alt war, beging seine Mutter Selbstmord, indem sie, nur mit ihrem Nachthemd bekleidet, sich in einem nahegelegenen Fluß ertränkte. Die Brücke über diesen Fluß, die Sambre, ist dem Biographen David Sylvester zufolge im Bild des einsamen Spaziergängers realistisch wiedergegeben. Als die Mutter aus dem Fluß geborgen wurde, soll sich das Nachthemd um ihren Kopf gewickelt haben. Magritte erinnert sich in einer autobiographischen Notiz, den nackten Leichnam der Mutter mit dem Nachthemd um den Kopf gesehen zu haben, die Gefühle bei diesem Anblick habe er allerdings vergessen. Der Biograph führt Gründe an für seine Vermutung, daß das Gesicht der Leiche durch den regen Schiffsverkehr auf dem Fluß entstellt war und das Nachthemd benutzt wurde, um die Entstellungen zu verbergen. Auch sonst habe sich der Leichnam wahrscheinlich in einem grauenvollen Zustand befunden (S. 13 f.). Dieses Erlebnis Magrittes, die Konfrontation mit verstümmelten Leichen, im englischen »exposure to the grotesque«, gehört zu den Situationsfaktoren, die sich in empirischen Studien als traumatogen erwiesen haben.

Magritte hat in seinem Lebenswerk innovativ an der stilistischen Entwicklung der künstlerischen Moderne mitgewirkt, vor allem in der surrealistischen Bewegung und über sie hinaus. Wenn seine stilistischen Neuerungen und manche inhaltliche Darstellungen zugleich einer kreativen Traumabewältigung dienen, so möchte ich Kunsthistoriker bitten, diese Annahme nicht als Reduktion von Kunst auf Traumapsychologie zu verstehen, sondern als Hinweis auf die wertvolle Hilfe der Kunst bei der Integration und Bewältigung jenes Unfaßbaren, mit dem uns die traumatische Erfahrung konfrontiert.

Die Neubildung traumatisch verzerrter Beziehungsschemata in der Psychotherapie eines 30jährigen Pädagogikstudenten

Wenn die Integration der traumatischen Erfahrung die kategoriale Umbildung unseres Selbst- und Weltverständnisses, unseres schematischen Wissensbestandes verlangt, so kommt dieser Prozeß bei Magritte in der lebenslangen Suche nach geeigneten stilistischen Mitteln, nach künstlerischen »Metakategorien« zum Ausdruck, welche die traumatische Erfahrung integrieren könnten. Das Lebenswerk läßt vermuten, daß dieser Versuch sich bis ins Spätwerk hinzog, und es bleibt offen, ob er je zu einer Überwindung des Traumas im persönlichen Sinne geführt hat. Von anderer Art,

115

wenn auch nicht weniger kreativ, ist die Leistung von Patienten, die in einer Psychotherapie neue Beziehungsmöglichkeiten erlernen oder vielleicht besser: erfinden, welche, gemessen an den oft traumatisch verzerrten Beziehungserfahrungen ihrer Lebensgeschichte, für sie zunächst ganz unvorstellbar waren. Die Revolution des Weltbildes greift hier ebenso tief wie eine epochale Neuerung in Wissenschaft und Kunst, allerdings geht es zusätzlich noch um ganz persönliche Entwicklung und Veränderung. Und wir haben inzwischen die Möglichkeit, vor allem in Langzeitpsychotherapien, diese strukturelle Revolution des sozialen Weltbildes mit geeigneten Mitteln im Hinblick auf ihre innere Logik zu erforschen.

Bei dem Fallbeispiel, auf das ich im folgenden näher eingehen werde, handelt es sich um die psychoanalytische Psychotherapie eines zu Behandlungsbeginn etwa 30jährigen Pädagogikstudenten, Herrn P., der u. a. wegen schwerer Arbeitsstörungen im Studium, wegen zwangsneurotischer Handlungs- und Entscheidungsprobleme zwei Jahre lang mit insgesamt 280 Stunden behandelt wurde. Zwischen seinem 14. und 24. Lebensjahr war Herr P. Alkoholiker gewesen, hatte mit 24 Jahren zwei schwere Suizidversuche unternommen, anschließend eine Entziehungskur gemacht, war danach abstinent geblieben, bis er wegen der fortbestehenden und für seine Alkoholikerkarriere letztlich wohl verantwortlichen Persönlichkeitsprobleme dann mit 30 Jahren die Behandlung begann. Die Mutter von Herrn P. hatte zu ihren Kindern und insbesondere zu ihrem Sohn eine sehr enge Beziehung entwickelt. Ihre eigene Mutter war gestorben, als sie drei Jahre alt war. Sie war dann allein mit einem Vater aufgewachsen, der zu Jähzorn und Alkoholmißbrauch neigte. Dieses eigene Kindheitsschicksal hinderte möglicherweise die Mutter daran, die altersgemäßen Verselbständigungswünsche ihrer Kinder hinreichend zu unterstützen. Sie erzählte dem Patienten zum erstenmal von ihrem eigenen Kindheitsschicksal, als dieser im Laufe der Behandlung begann, sich aus der überstarken Abhängigkeit von der Mutter zu lösen. Möglicherweise wurde die Mutter durch Wünsche der Kinder nach Selbständigkeit so intensiv an ihr eigenes Kindheitstrauma, den Verlust ihrer Mutter durch Tod, erinnert, daß sie mit Panik reagierte und

116

diesen Affekt auch an ihre Kinder weitergab. Eine der Schwestern von Herrn P. unternahm einen Selbstmordversuch, als sie sich unmittelbar nach ihrer Heirat anschickte, zu ihrem Mann in den nahegelegenen Nachbarort zu ziehen.

Aus dieser Therapie greife ich eine Episode und einen Traumtext heraus, die sich aufgrund der empirischen Analyse des Behandlungsverlaufs als für den Veränderungsprozeß bedeutsam erwiesen haben. Ich versuche, daran den kreativen Prozeß eines Neuentwurfs von Beziehungsmöglichkeiten zu zeigen, die bei Patienten mit Entwicklungstraumata – wie einer überstarken symbiotischen Abhängigkeit von der Mutter bei Herrn P. – in der schrittweisen Überarbeitung und Korrektur der verzerrten Beziehungsschemata besteht. Meine These ist, daß die Umbildung der Beziehungsschemata, die ein Patient in einer erfolgreichen Behandlung vornimmt, nach einer dialektischen Logik von Stufenübergängen zu verstehen ist, ganz ähnlich wie eine stilistische Neuerung in der Malerei die bisher gültigen Ausdrucksformen verwandelt (im Unterschied zu den Inhalten). Die kognitionswissenschaftliche Klärung therapeutischer Veränderung als eines Prozesses der Schema-Transformation kann hier unmittelbar an die dialektische Erkenntnistheorie, etwa von Hegel, mit ihrer selbstreferentiellen Logik anknüpfen. Von diesen faszinierenden Selbstheilungskräften der Psyche – Traumabewältigung durch Formwandel von Beziehungsschemata – hoffe ich einen Eindruck vermitteln zu können. Ich muß allerdings um Verständnis dafür bitten, daß ich auf den 280stündigen Behandlungsverlauf bei Herrn P., der sich über zwei Jahre erstreckte, nur in wenigen Ausschnitten eingehen kann. Die zumeist wörtlich festgehaltenen Sitzungsprotokolle der Behandlung sind mehrere Aktenordner stark. Von daher müssen die Daten natürlich extrem reduziert werden. (Den gesamten Behandlungsverlauf habe ich in meiner 1996 in zweiter Auflage erschienenen Arbeit »Dialektik der Veränderung in Psychotherapie und Psychoanalyse« eingehend dargestellt und analysiert, so daß Einzelheiten des Verlaufs dort nachlesbar sind.)

Ein in der Psychotherapieforschung inzwischen gut eingeführtes Verfahren der Materialerfassung ist die Bestimmung des zentralen Beziehungskonflikts bei einem Patienten. Der nordamerikanische

Übersicht 1

Grundriß des Veränderungsverlaufs: Beispiel Herr P.

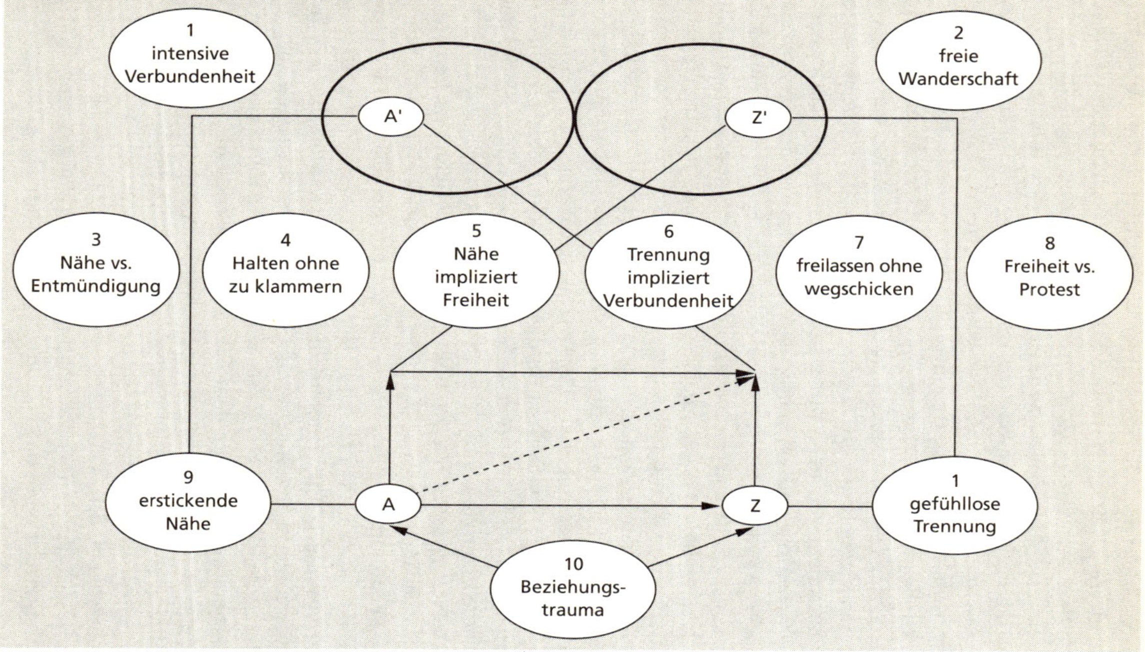

2 freie Wanderschaft

8 Freiheit vs. Protest

7 freilassen ohne wegschicken

1 gefühllose Trennung

Z'

6 Trennung impliziert Verbundenheit

Z

5 Nähe impliziert Freiheit

10 Beziehungstrauma

A'

A

1 intensive Verbundenheit

4 Halten ohne zu klammern

9 erstickende Nähe

3 Nähe vs. Entmündigung

Dialektisches Veränderungsmodell. © by Prof. Dr. Gottfried Fischer

Psychotherapieforscher Lester Luborsky hat ein umfangreiches Manual hierzu entwickelt. Eine praxisnahe Variante der Konflikt- diagnostik, die zugleich einen Hinweis darauf enthält, wie dieser Konflikt im Laufe einer Psychotherapie gelöst werden kann, zeigt das folgende Konfliktdiagramm aus dem Manual zum »dialekti- schen Veränderungsmodell«, das von Norbert Schmeißer inzwi- schen zu einer computergestützten themenbezogenen Datenbank ausgebaut wurde.

Übersicht 1 zeigt den zentralen Beziehungskonflikt von Herrn P., der sich als ein Beziehungsschema beschreiben läßt, das zwischen den Polen »erstickende Nähe« und »gefühllose Trennung« auf- gespalten ist. Dem entsprach das aktuelle Beziehungsverhalten von Herrn P. vor Behandlungsbeginn. Immer wieder kam es zur Trennung von seinen Freundinnen, wenn diese begannen, ihm Vor- würfe zu machen, und er die Nähe zu ihnen als einengend und »er- stickend« zu erleben begann. Er trennte sich dann von der Freun- din ohne Bedauern oder Trauer und erhoffte sich die entscheidende Wendung in seinem Leben von der nächsten Beziehung. So pendelt sein Beziehungsverhalten vor der Behandlung zwischen den aufge- spaltenen Polen des zentralen Beziehungsschemas im Sinne eines Circulus vitiosus hin und her.

Relativ aufwendig und detailliert, für Langzeittherapien jedoch gut geeignet ist das Verfahren der Konfigurationsanalyse nach dem schon erwähnten Traumaforscher, Kognitionswissenschaftler und Psychoanalytiker Mardi Horowitz, das ich in Deutschland für das »Dialektische Veränderungsmodell« adaptiert habe. Man beginnt mit einer Liste der Symptome und Beschwerden, wie sie sich vor Behandlungsbeginn und nach Therapieabschluß darstellen. Bei Herrn P., dem Patienten aus dem Fallbeispiel, kommen Informatio- nen aus einer Nachbefragung, etwa eineinhalb Jahre nach Thera- pieabschluß, hinzu:

- **Symptome von Herrn P. zu Beginn der Therapie (Übersicht 2)**
  Ausgehend von einer solchen, eher symptomatischen Beschrei- bung werden als nächstes Erlebniseinheiten, Erlebniszustände – sogenannte states of mind – ermittelt, die sich sowohl lebens- geschichtlich als auch im aktuellen Verhalten des Patienten nachweisen lassen.

- **Erlebniszustände von Herrn P. (Übersicht 3)**

  Diese werden dann zu einem Systemdiagramm der persönlich-
  keitstypischen Erlebniszustände zusammengefaßt:
- **Systemdiagramm der Erlebniszustände von Herrn P.**
  (Übersicht 4)

  und können als »individuelle Skalen« zur Signierung von Wort-
  für-Wort-Sequenzen in Therapieprotokollen und Tonbandtran-
  skripten verwendet werden. Im Fall von Herrn P. konnten Relia-
  bilitäten zwischen 65 und 75 % erzielt werden bei jeweils drei
  Beurteilern am gleichen Textausschnitt.

Mit Hilfe eines Signierungssystems, in das die persönlichkeitstypischen Erlebniszustände des Patienten als nominalskalierte Kategorien eingegeben werden, kann man nun einen ganzen Therapieverlauf
gewissermaßen in Kurzsprache darstellen, wobei in dem von
mir entwickelten Signierungsverfahren auf Veränderung, auf die
Transformation der Erlebniszustände, der persönlichkeitstypischen
Stimmungslagen besonderer Wert gelegt wird.

- **Signierungsschlüssel (Übersichten 5 + 6)**

  Übrigens kann man für bestimmte Forschungsfragen ebensogut
  die Erlebniszustände des Therapeuten ermitteln und untersuchen, wie sich diese – fördernd oder hemmend – auf den Therapieverlauf auswirken.

Am Beispiel von Herrn P. zeigt sich die erste dauerhafte Änderung
eines Erlebniszustands in Sitzung 62. In dieser Stunde äußert er,
daß er jetzt erstmals wirklich freiwillig zur Therapie komme, ob-
wohl er – äußerlich gesehen – natürlich schon immer freiwillig
kam. In der Folgezeit wird er arbeitsfähig im Studium, macht dann
später Examen und bleibt also arbeitsfähig. Das Diagramm läßt
ferner erkennen, daß in der unmittelbar vorausgehenden Sitzung
61 gerade das für Herrn P. zentrale konflikthafte Beziehungsthema
– seine Ablösungs- und Trennungsproblematik – bearbeitet worden war.

Übersicht 2

- **Arbeitsstörungen im Studium.** Er zögere schriftliche Arbeiten hinaus bis zum letzten Augenblick. Zuletzt habe er schlaflose Nächte. Es sei eine ständige innere Qual. Am schlimmsten sei es, wenn ihn jemand darauf hinweist, er sei doch vollkommen frei, zu tun und lassen, was er wolle.
  Herr P. hat inzwischen sein Studium erfolgreich beendet und kann selbständig arbeiten. Eine noch fortbestehende Neigung, die Erledigung von Aufgaben aufzuschieben, kann er kontrollieren und willentlich beeinflussen.
- **Entschlußunfähigkeit.** Angst vor Entschlüssen, die eine selbständige Zielsetzung erfordern. Er versucht sich zu Entscheidungen zu zwingen, rebelliert aber dann dagegen oder bezweifelt die Entscheidung.
  Der Pt. hat sehr gezielt und mit großer Energie seine beruflichen Ziele gestaltet. Er kann auch private Unternehmungen wie etwa den Besuch von Freunden, gemeinsames Ausgehen oder Reisen ohne grundsätzliche Entscheidungsprobleme planen und verwirklichen.
- **Zurückgezogen-apathisch.** Er verbringt seine Freizeit zurückgezogen, »faul« mit Fernsehen, Lesen und Essen. Er habe Angst, unter Leute zu gehen.
  Dieser zu Therapiebeginn häufigste Zustand hat sich während der Therapie dauerhaft verändert. Herr P. kann sich zurückziehen, alleine sein, sich »mit sich wohl fühlen«. Er kann aber auch Kontakte aufnehmen, wenn er das Bedürfnis danach hat.
- **Schwierigkeiten, die Wohnung zu verlassen.** Er könne nicht »ohne Ziel«, einfach ins Blaue hinein ausgehen. Wenn er sich vornehme, irgendwo hinzugehen, zweifle er »am Sinn des Unternehmens«. Er möchte, daß jemand anderer ein Ziel vorgibt, oft opponiere er dann dagegen. Eine »Angst vor dem Ungewissen« spiele dabei mit. Das sei besonders stark, wenn es um die Planung einer Reise gehe.
  Die phobischen Züge sind verschwunden. Herr P. ist fähig geworden, sich in einem relativ überschaubaren Rahmen angstfrei zu bewegen. Die Angst »vor dem Ungewissen« scheint er jetzt vor allem durch besonders gründliche Planung und Vorbereitung einer Unternehmung bewältigen zu können.
- **Suchtverhalten.** Starkes Rauchen bis zu 40 Zigaretten pro Tag. Zeitweilig süchtiges Essen von Schokolade und anderen Süßigkeiten. Einnahme von Schlaftabletten und Weckaminen in geringen Mengen. Frühere Alkoholabhängigkeit zw. 17. und 24. Lebensjahr.
  Seine verbliebenen süchtigen Verhaltensweisen konnte Herr P. schon während der Therapie erfolgreich »bekämpfen« und kontrollieren. Gegen Ende der Behandlung wurde auch das Verhältnis des Patienten zu »seiner Sucht« entkrampfter. Auch von »Versuchungen« in dieser Richtung war nicht mehr die Rede. Manches deutet darauf hin, daß sich auch die der früheren Suchtneigung zugrundeliegende Bedürfniskonstellation therapeutisch verändert hat. Dennoch scheint ein Selbstverständnis als (ehemals) Süchtiger auch weiterhin für Herrn P.s persönliche Identität bestimmend zu sein.
- **Depressive Verstimmungen.** Minderwertigkeitsgefühle und häufige Selbst-

anklagen, ständige Schuldgefühle. Besonders bei depressiver Stimmungslage starke Angst, unter Leute zu gehen, weil alle ihm die Stimmung ansehen und ihn meiden müßten.

Schuldgefühle und Selbstanklagen als Dauerzustand sind verschwunden. Stimmungsschwankungen scheinen durch empathische Selbstbeobachtung (»In-mich-Hineinhorchen«) bewältigbar geworden zu sein. Herr P. hat ein besseres Selbstwertgefühl entwickelt: Er stimme »besser mit sich überein« und sei manchmal »stolz auf das Erreichte« (Katamnese).

- **Kaum Erinnerungen an die Kinderzeit.** Erinnerungsmöglichkeiten wesentlich erweitert. Größere Toleranz für kindliche Erlebnisweisen und Abhängigkeitstendenzen.

- **Kaum Freunde und Bekannte.** Er sei »ein Einzelgänger wider Willen«. Er könne sich nicht einstellen auf das, worüber normalerweise gesprochen werde. Es sei für ihn nur interessant, über sich und seine Probleme zu sprechen.
  Er kann Bekanntschaften und Freundschaften schließen und aufrechterhalten. Beziehungen sind jetzt über gemeinsame Interessengebiete möglich. Der Drang, ausschließlich über sich zu reden, ist verschwunden.

- **Unfähigkeit, Gefühle zu erleben.** Klare und eindeutige Gefühle seien ihm unbekannt, solange er zurückdenken könne. Nur als Kind könne er sich erinnern, wie er sich einmal auf die Bescherung an Weihnachten gefreut habe. Sobald Gefühle ansatzweise aufkämen, mache sich alsbald entweder eine lähmende »Alles-egal-Stimmung« breit oder er fühle sich überhaupt »innerlich leer«. Nie sei er sich ganz gewiß, ob er ein Gefühl wirklich habe oder sich das nur einrede.
  Seit Ende der »Einleitungsphase« in der Behandlung konnte Herr P. schrittweise immer deutlicher und zuverlässiger Gefühle erleben wie Freude, Trauer, Wut und Zuneigung, schließlich auch »Übereinstimmung mit sich selbst« und Stolz auf das, was er erreicht hat. Die Möglichkeit, klare und starke Gefühle empfinden zu können, stellt eine dauerhafte Veränderung dar, wie auch die Katamnese zeigt.

- **Unfähig, dauerhafte Beziehungen zu haben und lieben zu können.** Es sei oft zu abrupten Abbrüchen gekommen nach einem Streit, besonders wenn die Partnerin anfange, ihm »Vorschriften zu machen«. Gefühle von Trauer bei einer Trennung oder zuvor wirkliche Liebesgefühle seien ihm fremd. Bei länger dauernden Beziehungen stelle sich ziemlich bald eine »tödliche Langeweile« ein. Auch der »Reiz des Neuen« spiele eine Rolle bei seinen Entscheidungen, die Beziehung abzubrechen.
  Herr P. kann intensive Gefühle erleben, sowohl Trauer nach einer Trennung als auch »große«, ihm »bis dahin unbekannte Gefühle« gegenüber der Geliebten (Katamnese). Möglicherweise wegen dieser neuen und für Herrn P. ungewohnten Erlebnismöglichkeiten sind in einer weiteren Liebesbeziehung Schwierigkeiten aufgetreten.

- **Angst vor »Autoritätspersonen«.** Sie führe dazu, daß er sich nicht offen zu wehren wage, auch wenn er sich ungerecht behandelt fühle. Als Versuche, sich dennoch zu behaupten, sind eine Art passiver Trotz anzusehen und die Tendenz, soziale Kontrollen heimlich zu umgehen.

Im letzten Drittel der Therapie berichtete Herr P. von Situationen, in denen er sich mit anderen Männern besser auseinandersetzen und auch gegenüber Vorgesetzten seinen Standpunkt entschiedener vertreten konnte. Der Ablauf der mündlichen Prüfung im Examen, bei der sich der Pt. »blockiert« fühlte, macht jedoch wahrscheinlich, daß die Autoritätsproblematik teilweise noch fortbesteht. Daß sie auch bei den in der Katamnese erwähnten Schwierigkeiten an der ersten Arbeitsstelle beteiligt war, kann zumindest vermutet werden. Anstelle der früheren zwanghaften Unterwerfung und heimlichen Opposition kann Herr P. sich jetzt jedoch aktiv mit »Autoritäten« auseinandersetzen.

Übersicht 3

Beschreibung der Erlebniszustände

1 Sportlich-asketisch-jovial. Forciert männlich, pseudo-selbstsicher, kameradschaftlich, lässig, übertrieben unbekümmert, zupackend, Probleme pragmatisch lösend, auf niemanden angewiesen, autark, steht über den Problemen, ausschließlich auf Sachprobleme gerichtet, keine Gefühle zeigen, wenig Selbstbeobachtung, kaum Interesse an interpersonellen Beziehungen. Varianten:

1a Selbsteinschränkend-autark, kämpft gegen sich selbst, gegen »Abhängigkeitstendenzen«, nach außen hin weitgehend abgekapselt, eher erfolglos.

1b Ehrgeizig, aber gehemmt. Starker Ehrgeiz im sportlichen Bereich und sonst bei Konkurrenzsituationen, gehemmt durch Selbstzweifel, schneidet bei Wettkämpfen schlechter ab, als es seinem Können entspräche, schwankt zwischen hohem Anspruch und Selbstzweifel, eher erfolgsängstlich, unbewußt mißerfolgsuchend.

2 Abhängig-lernbedürftig-gehorsam. Sucht nach äußerer Anleitung, stellt sich zumeist als Problemfall dar.

2a Selbstanklagend-führungssuchend. Will geführt werden. Negative Selbstdarstellung, fordert Ablehnung und Anklage heraus sowie Ratschläge und Führung von außen.

2b Selbstkritisch-kooperationsbereit. Die Selbstkritik ist stärker situationsbezogen. Zusammenarbeit wird als eher unterstützend erlebt. Sachbezogenes Erkenntnisinteresse. Zu Therapiebeginn allenfalls in Ansätzen möglich.

3 Selbstquälerisch-zurückgezogen. Verbringt die Tage »träge« im Sessel sitzend, raucht, liest und macht sich Vorwürfe wegen seiner Trägheit.

3a Gelähmt-entscheidungsunfähig. Herr P. treibt sich selbst zu Entscheidungen an, die er aber nicht leisten kann, wofür er sich wieder Vorwürfe macht. Schwierigkeiten, aus dem Haus zu gehen, zu verreisen, zu planen, zu arbeiten, allgemein: sich eigene Ziele zu setzen und sie zu verwirklichen.

3b Einsam-bedürftig-selbstversorgend. Untergründig depressiv, sucht sich zu »trösten« durch Süßigkeiten, Fernsehen, Lesen, früher Medikamente und Alkohol – beruhigt, betäubt oder stimuliert sich selbst, was aber wiederum Schuldgefühle auslöst.

4 Protest. Protestiert gegen »Bevormundung«. Läßt sich »keine Vorschriften machen«, wütende Anklagen vor allem gegen Frauen, wenn diese über ihn zu bestimmen scheinen, dann nach Möglichkeit Abbruch der Beziehungen.

4a Vorwurfsvoll-anklagend. Streit in der Haltung des selbstgerechten Anklägers, vor allem gegenüber Frauen.

4b Trotzig-passiv. Vorwurfsvoller Trotz und passiver Widerstand, eher gegenüber Männern.

5 Vollkommen gleichgültig. »Alles-egal-Stimmung«. Wechsel von Langeweile und innerer Leere. Kann keine klaren Gefühle erleben. Nach Trennungen ein Anflug von Erleichterung, danach stumpf und gleichgültig.

6 **Selbstsicher-unabhängig-liebesfähig.** Erleben von starken und eindeutigen Gefühlen. Gleichwertiger Partner für eine geliebte und liebende Frau, fähig zu einer dauerhaften Beziehung. Vertrauter und Beschützer von Frauen. Freundschaft mit Männern. Dies ist der gewünschte Idealzustand. Herr P. leidet darunter, daß er ihn nicht erreicht.

7 **Verzweifelt-selbstverachtend.** Hoffnungslos, deprimiert, »Grau in Grau«. Herr P. fühlt sich beobachtet, in seiner ängstlich-depressiven Stimmung sozial ausgeschlossen, von allen verachtet und verachtet sich auch selbst.

Übersicht 4

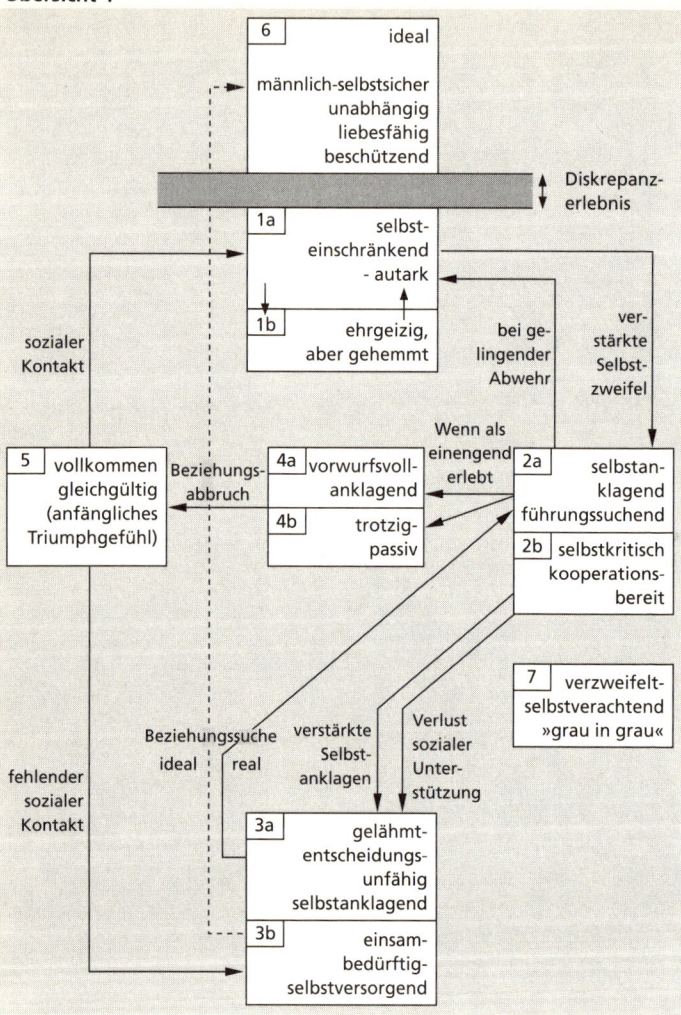

Übersicht 5

Aktivitäten des Analytikers

1) A → (2a → 2b) Interventionen des Analytikers, die auf einen Wechsel der Zustände zielen, auf Übergang von einem in den anderen

2) A → (2a →) Intervention des Analytikers, die auf eine Transformation des Zustandsbildes zielt (vgl. III)

3) D → 2a Deuten oder Durcharbeiten eines Zustandsbildes. Eine Aktivität, die vor allem auf veränderte Formen der Erlebnisverarbeitung abzielt. Der Effekt einer Intervention wird durch einen Pfeil angezeigt
D → (2a →) → (2a →)Erlebnisverarbeitung

4) A → (4 → 5) ≠ (7.4.2 → 7.5.2) Interventionen, zumeist Übertragungsdeutungen, die die Gleichsetzung von Arbeitsbündnis und Übertragungsbeziehung negieren. Sie versuchen, vom Veränderungsmodell her verstanden, den Dekonstruktionsprozeß zu fördern, indem sie die »optimale Differenzierung« von Arbeitsbündnis und Übertragungsbeziehung anstreben.

Der Transformationsprozeß

Diese Signierungskategorie bezieht sich

a) auf Veränderungen in zeitlicher Ausdehnung und Verlaufsmerkmale von Erlebniszuständen, vor allem auf Veränderungen der charakteristischen Stimmungslage

b) den veränderten Umgang mit einem Erlebniszustand = Transformation der Erlebnisverarbeitung

c) Veränderungen der typischen Übergangsrichtung im »zyklischen System« (Abbildungen 3, 5, 7)

1) 1 … 7	Ausgangsstufe, Zustandsbild zu Therapiebeginn
2) 1 … 7 ↑↓	Verstärkung bzw. Abschwächung eines Zustandsbildes. Eine quantitative Kategorie der Intensität
3) 1 → … 7 →	Anzeichen dafür, daß das betreffende Zustandsbild in Bewegung geraten ist
4) 1′ … 7′	Qualitative Veränderung des Zustandsbildes
4.1) 1″ … 1‴	Mehrere qualitative Transformationsschritte sind beobachtbar

Nähere Angaben sollten dabei gemacht werden zu den folgenden Schwerpunkten der Veränderung:

4.2) 1′ … 7′ Stimmungslage	Veränderte Stimmungs- oder Affektlage
4.3) 1′Selbst-/ Objektschema	Veränderungen im zustandstypischen Selbst- bzw. Objektschema oder in der typischen Rollenbeziehung (Beziehungsschema)
4.4) 1′Erlebnis- verarbeitung	Veränderungen im Umgang mit den zustandstypischen Erlebnisprozessen, z. B. Einsichten, Veränderungen der Abwehr
5) 1 … 7 →	Rückschritt im Veränderungsprozeß. Ein ansatzweise verändertes Zustandsbild fällt auf einen bereits überwundenen Zwischenzustand oder den Ausgangszustand zurück.

6) $4 \rightleftarrows 5_{rev.}$	Ein Veränderungsschritt, der die ursprünglich einseitige Übergangsrichtung von einem Zustand zum anderen umkehrt. An die Stelle einer »Einbahnstraße« tritt eine reversible, umkehrbare Beziehung zwischen 2 Zustandsbildern
7) 2a'/7.2a.3	Die Transformation eines gegenwärtigen Erlebniszustands vollzieht sich in erkennbarem Zusammenhang mit einem Erlebniszustand des VUbw., d. h., dieser wird rekonstruktiv aufgearbeitet
Erinnerung	Wenn bisher verschlossene Erinnerungen hierbei zugänglich werden, wird darauf besonders hingewiesen, ebenso unter I.3)

Übersicht 6

Signierung des Prozeßverlaufs in der Einleitungsphase bis zur 66. Sitzung		
Termine/ Ereignisse	**innerhalb**	**außerhalb**
cirka drei-monatige Wartezeit		3a ➤2a ➤4 ➤5
1	3 ➤2a	3➤2a
2	3a><2a Couchlage Anrede	1▲ Raucherentwöhnung, Suche nach körperlicher Arbeit
3	[3 ➤2a] ➤D(3a><2a) ➤2b	
4		D ➤(3a ➤2a ➤4 ➤5) Freundin, Schwester, Praktikumsleiterin
12-17	3><2a	
18	3><2a D	
19	3><2a'	
19-23		3 ➤2a ➤[7.4$_2$?] Mutter
24	3><2a▲	4 ➤Freundin D ➤(3a) ⌐
25/26	3><2a ➤Erlebnisverarbeitung	
26-34		➤1▲ 5000m-Läufe
35	5▲	4▲ Freundin
1Monat Ferien		4➤⤎5 rev./Freundin

129

36-40	3><2a><4	1b▲ 3a Sport ►Erledigung 1a ▲ der 1. Arbeit Hausarbeit in Fabrik
41	3a,b▲ / 7.3a+b₂▲ körperlich Magenschmerzen	
47	Zittern	
48-59	7 / 7.3₂ / 7.3₃ Erinnerung	
60	3 2a 4 5 Abbruch	
61	A ►(2b)≠(3a ►2a ►4 ►5)	
62	►3a' freiwillig in Analyse ►4' Beziehungsschema Konflikt≠Abbruch	
66	2a' / 7.2a enge Beziehung ohne Vereinnahmung möglich	►3a' Erledigung der aufgeschobenen Arbeiten, arbeitsfähig im Studium

Signierung der 92.-168. Sitzung: »Puzzle – Das Bild von der Mutter«		
Termine/ Ereignisse	innerhalb	außerhalb
129-139	7.3_2 Erinnerung	7.4_2 ►7.5_2 ►7.3_2 entdeckt Stofftier
Freundin verreist		5 ►$/7.5_2$ ►hütet Katze der Freundin
140	$[7.2a_2$ ►$7.4_2]$ ►	
141-149		D ►1►2 / 7.1_3 ►7.2_3 Freundschaft mit Männern
150	$[7.2_2$ ►7.4_2 ►$7.5_2]$ ► ► ► Geh hinaus in die Welt	
155	$[7.2_2$ ►7.4_2 ►$7.5_2]$ ► Verbindung von »guter« und »böser« Mutter	
160		1a' Selbstschema: fühlt sich wohl in Fußballmannschaft
168	$[7.4$ ►7.5 $]$ ▼ ► 5' erlebt Schmerz und Freude	

Konkret ging es in Sitzung 61 um die Frage, ob der Patient die Behandlung abbrechen würde, da er sich in den letzten Monaten bereits qualvoll dazu zwingen mußte, überhaupt zur Therapie zu kommen. Das Verlaufsdiagramm der psychotherapeutischen Behandlung ermöglicht es also, exakt das Stundenprotokoll derjenigen Sitzung herauszugreifen, in der ein bestimmter, im ganzen gesehen dauerhafter Veränderungsschritt ausgearbeitet wurde. In Sitzung 61 fordert der Patient vom Analytiker, dieser als Fachmann solle ihm sagen, ob es für ihn sinnvoll sei, weiterzumachen oder nicht. Als der Therapeut abstinent bleibt und sich weigert, diese

Frage für den Patienten zu entscheiden und ihn in dieser Entscheidung überhaupt – positiv oder negativ – zu beeinflussen, gerät Herr P. immer tiefer in seinen Ambivalenzkonflikt, bis er schließlich ratlos und völlig verzweifelt die Sitzung verläßt. In der nächsten Stunde entscheidet er sich aber, die Analyse fortzusetzen. Wörtlich sagte er: »Ich habe gemerkt, daß ich gehen kann, daher kann ich bleiben und die Analyse fortsetzen, gehen kann ich ja noch immer.« Oder wenn man diesen Satz in die Beziehung zum Analytiker rückt, in den Sprechkontext also, worin er tatsächlich geäußert wird: »Ich habe gemerkt, daß Sie mich auch gehen lassen können. Also kann ich bei Ihnen bleiben.« Dies ist lebensgeschichtlich gesehen eine neuartige Erfahrung des Patienten gegenüber der bindenden Mutter, die – ob nun real oder in der Vorstellungswelt des Patienten – ihren Sohn eben nicht gehen lassen konnte und ihm so seinen altersentsprechenden Ablösungsprozeß erschwert hatte. Der Therapeut hat den sogenannten »Übertragungstest« (nach dem Konzept von Weiss und Sampson, 1986) bestanden und sich in der entscheidenden Sitzung therapeutisch verhalten, d.h. anders als die einengende und bindende Mutterfigur. Das Resultat dieses unbewußten Beziehungstests läßt sich in den dialektischen Satz zusammenfassen: »Ich habe gemerkt, daß ich gehen kann, daher kann ich bleiben – und die Analyse fortsetzen.«

Dialektische Sätze, wenn sie denn mehr sind als bloße Wortspiele, haben die Eigenheit, durch einen zunächst verblüffenden Widerspruch hindurch bestimmte kreative Leistungen zu erhellen, die unserer geistigen Entwicklung zugrunde liegen und die wir, haben wir sie einmal vollbracht, schlicht vergessen. Eine systematische Rekonstruktion jener »Bildungsgeschichte des Bewußtseins«, wie sie etwa Hegel in seiner »Phänomenologie des Geistes« geleistet hat, vermag hingegen diese dialektische Logik unserer seelischen Entwicklung zu erhellen. Wieso müssen wir gehen, uns trennen (können), um – in einer Beziehung – bleiben zu können? Denken wir näher darüber nach, dann verhält es sich genau so: Wer nicht gehen kann, der kann auch nicht bleiben, und wer nicht bleiben kann, der kann auch nicht gehen. Der Satz markiert einen jener Übergänge vom Handeln zu Vorstellung und Denken, vom Realis zum Potentialis, die in der Entwicklungspsychologie wohl Jean Piaget am gründlichsten erforscht hat. In Piagets Sprache: einen jener Schritte der Verinnerung, der Interiorisation, wie sie in den Übergängen von der handlungsgebundenen, sensorisch-motorischen Entwicklungsstufe zu Vorstellung und Denken oder im Übergang von den konkreten zu den formalen kognitiven Operationen unsere psychische Entwicklung bestimmen.

Auf der Handlungsebene bilden Fortgehen und Bleiben einen ausschließenden Gegensatz, der sich in folgendem Syllogismus fortführen läßt:

A) Dableiben schließt das Fortgehen aus.

B) Dableiben entspricht einer »Beziehung-überhaupt«,
Fortgehen dem »Getrenntsein-überhaupt«.

Dann schließen auch

C) Beziehung und Getrenntsein einander aus.

Wenn Dableiben im räumlichen Sinne das Fortgehen ausschließt (A) und Dableiben mit In-Beziehung-Stehen-überhaupt gleichgesetzt wird ebenso wie Fortgehen mit »Getrenntsein-überhaupt« (B), dann schließen folglich auch »Beziehung« und »Getrenntsein« einander aus. Das läuft auf jenes handlungsbezogene, dualistische »Beziehungskonzept« der therapeutischen Ausgangsstufe hinaus, das Herr P. sein Leben lang im Handeln austragen mußte und das im übrigen auch seinem »zentralen Beziehungskonflikt« zugrunde liegt. Wann immer sich in einer emotional engen Beziehung Konflikte, Spannungen, Gegensätze zeigen, so löste er diesen Konflikt durch räumliche Trennung von den Beziehungspersonen, durch Abbruch der Beziehung.

Wie aber löst man eine solche starre Entgegensetzung, den ausschließenden Gegensatz oder die Negation von Beziehung und Trennung auf? Mit dieser Frage komme ich zur Transformationslogik von Beziehungsschemata in der Psychotherapie. Diese Selbstheilungsprozesse verlaufen, wie ich zu zeigen versuche, nicht regellos, sondern folgen einer Transformationslogik, die in der dialektischen Tradition der Erkenntnistheorie bisher am gründlichsten untersucht wurde.

Anders als die sogenannte formale Logik ist die dialektische Logik immer auch eine der Affekte, Emotionen und Handlungen. Der entscheidende Schritt, der einen verfestigten Widerspruch überwindet und einen Konflikt zur Aufhebung bringt, ist der dialektischen Erkenntnistheorie zufolge die selbstrückbezügliche Negation, die doppelte Verneinung oder – im gleichen Sinne verstanden – die Negation einer Negation. Robert Heiss (1932) hat in einer frühen Arbeit einen m.E. auch heute noch gültigen und anregenden Beitrag zur »Logik des Widerspruchs«, so der Titel der Untersuchung, geleistet. Eine selbstrückbezügliche Negation ist eine solche, die sich unmittelbar auf den aus dem obigen Syllogismus folgenden ausschließenden Gegensatz von »Beziehung« und »Trennung« der therapeutischen Ausgangsstufe zurückbezieht, indem sie die darin enthaltene Negation ihrerseits negiert:

A) **Ausgangsstufe:** Beziehung ist mit Trennung unvereinbar (physisch-konkret)
   Negation

B) **Übergangsstufe:** Beziehung ist mit Trennung nicht unvereinbar
   Negation der Negation

C) **Meta-Stufe:** Es gilt sowohl A als auch B:
   »Beziehung« setzt »Trennung« voraus und Trennung Beziehung (»Ich habe gemerkt, daß ich gehen kann, also kann ich bleiben«)
   = Übergang
   von der physischen zur psychischen Ebene,
   vom Realis zum Potentialis,
   von der Handlung zur Handlungsplanung.

Die Behauptung der Ausgangsstufe ist: Beziehung sei mit Trennung unvereinbar. Durch selbstreferentelle Negation hingegen gelangen wir zu der Behauptung der Übergangsstufe B): Beziehung sei mit Trennung nicht unvereinbar. Behaupten wir nun beide Sätze zugleich, so entsteht eine Aussage, die unmittelbar gegen den Satz vom Widerspruch verstößt, nach dem eine und dieselbe Behauptung in einer und derselben Hinsicht nicht zugleich wahr und unwahr sein kann. Für den logischen Positivismus bilden unsere beiden Sätze A) und B) zusammengenommen den Prototyp einer »sinnlosen Aussage«. Während es nun der logische Positivismus bei der Feststellung bewenden läßt, die Aussage sei falsch, sie könne nicht stimmen, da sie sozusagen gegen die logische »hardware« unseres Denkapparates verstoße, herrscht in der dialektischen Tradition, genau wie in der Psychoanalyse, ein völlig anderer Umgang mit dem Widerspruch, mit dem Negativen vor, die als das vorwärtstreibende Moment eines Entwicklungsprozesses verstanden werden. Das hat sehr prägnant Hegel in seiner Vorrede zur *Phänomenologie des Geistes* formuliert im gleichen Zusammenhang, in dem er auch von der »ungeheuren Macht des Negativen« spricht. Er fährt fort: »Es ist die Energie des Denkens, des reinen Ichs ... Der Tod ... ist das Furchtbarste und das Tote festzuhalten, das was die größte Kraft erfordert. Die kraftlose Schönheit haßt den Verstand, weil er ihr dies zumutet, was sie nicht vermag. Aber nicht das Leben, das sich vor dem Tode scheut und von der Verwüstung rein bewahrt, sondern das ihn erträgt und in ihm sich erhält, ist das Leben des Geistes. Er gewinnt seine Wahrheit nur, indem er in der absoluten Zerrissenheit sich selbst findet. Diese Macht ist er nicht als das Positive, welches von dem Negativen wegsieht, wie wenn wir von etwas sagen, dies ist nichts oder falsch, und nun, damit fertig, davon weg zu irgend etwas anderem übergehen; sondern er ist diese Macht nur, indem er dem Negativen ins Auge sieht und bei ihm verweilt« (1952, S. 29 f.).

Genau dieses Verweilen beim Negativen, das Aushalten und Austragen des Widerspruchs ist jener Schritt, der zur Lösung des Konfliktes erforderlich ist. Da der Widerspruch aber nicht immanent, im Rahmen des in sich antinomischen Systems mehr zu lösen ist, müssen wir beim Beziehungskonflikt von Herrn P. ein neues Konzept von »Beziehung« erfinden, welches im Sinne von Whitehead und Russels »principia mathematica« zugleich einem höheren »logischen Typus« entspricht (1940). Erst auf dieser »Meta-Stufe« können beide widersprüchlichen Sätze gelten und ergeben eine – affekt- oder beziehungslogisch gesehen – durchaus sinnvolle Aussage etwa folgender Art: »Beziehung« setzt »Trennung« voraus und »Trennung« »Beziehung«, was im übrigen sehr genau der Formulierung von Herrn P. entspricht: Ich habe gemerkt, daß ich gehen, mich trennen kann, also kann ich – in der therapeutischen Beziehung – bleiben. Allerdings müssen wir zugleich von der physischen Handlungsebene zur psychischen Ebene der Vorstellungen und Gedanken übergehen. Denn nur auf dieser neuen Stufe C) kann auch der Satz B) seine Geltung beanspruchen. In der Vorstellung, im Denken und vor allem im Fühlen lassen sich Beziehung und Trennung durchaus miteinander vereinbaren. Ich kann mich verbunden fühlen mit jemandem, von dem ich räumlich getrennt bin. Ja, genauer noch: ein solches Gefühl der Verbundenheit setzt Getrenntsein in einem sehr elementaren Sinne beziehungslogisch voraus.

Ein dialektischer Stufenübergang dieser Art liegt jenen Prozessen zugrunde, die wir in der Systemtheorie als »autopoetisch« bezeichnen, als Emergenz einer »neuen Systemqualität« usf., womit wir Vorgänge meinen, die ein in sich widersprüchliches System gleichsam über sich selbst hinaustreiben. Auf der Ebene der Handlung allein läßt sich der Konflikt nicht lösen. Erst wenn wir übergehen von der Realität zur Möglichkeit, von der Handlung zur Handlungsplanung und dem der Planungsphase entsprechenden Gefühl des »Könnens«, dann ergibt sich die Lösung wie von selbst: »Ich habe gemerkt, daß ich gehen kann, also kann ich bleiben. Dieses neue »Ich-kann« – ein Ausdruck von Edmund Husserl – entspricht, psychotherapeutisch gesehen, einer strukturellen Ich-Veränderung, die bei Herrn P. zugleich mit einer lebensgeschichtlich neuen Form der Beziehungsgestaltung einhergeht.

Mit einem einzelnen Schritt dieser Art – und sei er auch noch so »zentral« – ist ein psychotherapeutischer Veränderungsprozeß natürlich nicht beendet. Vielmehr müssen von diesem fortgeschrittensten Stand der Konfliktlösung aus alle bisher gültigen Strukturen von Weltbezug und Selbstverhältnis »überarbeitet« werden, so etwa die Frage: Wie äußert sich Liebe? Wenn Beziehung auch Trennung zwischen den Beziehungspartnern zuläßt, wie steht es dann mit der intensivsten Form von Beziehung und Bindung, mit Liebe?

Aus dem Analyseverlauf greife ich eine weitere Veränderungssequenz heraus, die in Sitzung 160 mit einer Transformation von Erlebniszustand 1a beginnt und in Sitzung 168 mit einer Transformation von Stimmungslage oder Erlebniszustand 5 endet: Herr P. erlebt zum erstenmal in seinem Leben klare, eindeutige Gefühle, insbesondere solche von Freude und Schmerz.
Inhaltlich zeigt der Therapieverlauf, daß dem Patienten hier ein

entscheidender erster Schritt der Ablösung aus jener symbiotisch-einengenden, weil als autonomieverneinend erlebten Mutterbeziehung gelingt, die ja auch im zentralen Beziehungsschema deutlich wurde. Die innere Trennung von diesem Mutterbild wird dem Analysanden vor allem auch dadurch erleichtert, daß er mittlerweile ein besseres Verhältnis zum Bild des Vaters entwickelt hat, zum Analytiker in der therapeutischen Übertragungsbeziehung.

Eingeleitet wird dieser Veränderungsschritt mit einem Traum, den Herr P. in der 150. Sitzung berichtet. Dieser Traum wirkt wie eine Exposition und Vorwegnahme der gesamten Veränderungssequenz.

Er handelt von der langjährigen früheren Freundin des Patienten, von der er sich zu Analysebeginn getrennt hatte mit der Hoffnung, die Beziehung später irgendwann wieder aufnehmen zu können, das Traumsymbol für die »Mutter der Trennung«. Im Traum erhält er einen längeren Brief von der Freundin, den er zusammen mit seinem Vater liest. In einem Nachtrag zum Brief stehen die folgenden drei Sätze:

> *»Ich muß dich verlassen, weil ich dich liebe.*
> *Ich habe dich geliebt, wie ich konnte.*
>
> *Der Winter ist vorbei, geh hinaus in die Welt, es ist Frühling.«*

»*Der Winter ist vorbei, geh hinaus in die Welt, es ist Frühling.*«: Wenn wir unterstellen, daß der Träumer diese Sätze einer Mutterfigur, einer Repräsentanz der Mutter in den Mund legt, wozu wir vom Kontext der Sitzung und dem Gesamtverlauf her berechtigt sind, dann leitet dieser Satz sehr deutlich das Tauwetter, den Frühling und die Veränderungsmöglichkeiten ein, die den weiteren Analyseverlauf tatsächlich bestimmen. Der zweite Satz lautet: »*Ich habe dich geliebt, wie ich konnte.*« Dies ist eine äußerst diplomatische Formulierung der Mutter im Traum, und Herr P. konnte erst etwa 80 Sitzungen später ihre volle Bedeutung erfassen, als er nämlich entdeckt, daß seine Mutter ihn zwar nach besten Kräften versorgt und geliebt hat, aber, wie er sagt: »nicht so, wie ich es brauchen konnte«. – »Ich habe dich geliebt, wie ich konnte« nimmt diese schmerzliche Einsicht offenbar in milder Form vorweg, die Herr P. dann später sehr traurig macht, so daß er zum erstenmal in der Therapie weint. Der erste Satz schließlich – »*Ich muß dich verlassen, weil ich dich liebe*« – läßt sich problemlos als eine Abwandlung und Fortsetzung des früheren dialektischen Satzes erkennen: »Ich habe gemerkt, daß ich gehen kann, also kann ich bleiben.« Es fällt auf, daß der Träumer diese Worte der Mutter in den Mund legt. Die Mutter im Traum gibt ihn frei und spricht wohl genau das aus, was die lebensgeschichtlich reale Mutter zu einem bestimmten Zeitpunkt hätte sagen müssen, was sie aber nicht konnte, da sie selbst als Kind sehr früh die eigene Mutter verloren hatte und nun unbewußt den Weggang ihres Kindes fürchten mußte, als wiederholte dieser Trennungsschritt den Tod ihrer Mutter.

Diesmal geht es um die dialektische Spannung von Liebe und Autonomie. Auch der Text dieses Traumes kann in seiner Struktur als dialektische Negation, als selbstbezügliche Verneinung gelesen werden, wie das folgende Diagramm zeigt:

A) **Ausgangsstufe**: Liebe schließt Verlassen oder Trennung aus (physisch-konkret)
   Selbstrückbezügliche Negation

B) **Übergangsstufe**: Liebe schließt Verlassen oder Trennung ein (»Ich muß dich verlassen, *weil* ich dich liebe«)

C) **Meta-Stufe**: »Liebe« ist eine Beziehungsform, die Trennung und Verlassen voraussetzt

Nimmt man als Ausgangsstufe die dem »gesunden Menschenverstand« wohl nächstliegende Formulierung »Liebe schließt Verlassen oder Trennung aus«, dann formuliert der Traum die selbstbezügliche Negation der Übergangsstufe: Liebe kann Verlassen oder Trennung einschließen, und dies bisweilen sogar notwendigerweise: Ich *muß* dich verlassen, weil ich dich liebe. Und genauso ist es: Wenn eine Mutter ihren Sohn liebt, so muß sie ihn zum richtigen Zeitpunkt »verlassen«, d. h. sich von ihm abgrenzen und ihm den altersgemäßen Freiraum zugestehen.

Beide Lösungsversuche, das Bleibenkönnen, weil man gehen kann, wie das Verlassen aus Liebe, beziehen sich offenbar auf dasselbe zentrale Konfliktthema: die Regulierung von Nähe und Distanz. Die Lösung wird jedesmal mit dem gleichen dialektischen Mittel der selbstreferentiellen Verneinung gesucht. So groß die Ähnlichkeit, so deutlich ist auch der Unterschied zwischen dem ersten und dem zweiten Veränderungsschritt. Der erste dialektische Satz »Ich habe gemerkt, daß ich gehen kann, also kann ich bleiben« steht am Ende eines gelungenen Veränderungsschrittes und faßt diesen gewissermaßen abschließend zusammen. Der zweite Satz, der des Traumes, steht nicht am Ende, sondern am Anfang einer Veränderungssequenz. Er deutet eine Veränderungsmöglichkeit und mögliche Lösung, die Meta-Stufe nur erst an: Liebe als eine Beziehungsform, bei der es hinreichend Nähe wie auch Distanz geben kann?

Was der Traum, diese surrealistische Botschaft aus dem Unbewußten, hingegen zum Ausdruck bringt, ist gewissermaßen die Poesie der »Übergangsstufe«, die mit ihrer selbstbezüglichen Negation die statische Erstarrung überwindet und so den dialektischen Entwicklungsprozeß wieder freigibt: Der Winter ist vorbei, geh hinaus in die Welt, es ist Frühling.

Wer mit dem Verlauf von Therapien vertraut oder sonst ein guter Menschenkenner ist, wird schon ahnen, daß die gesuchte Beziehungsform »Liebe« (Ebene 3 des Diagramms) nur dadurch erreicht werden kann, daß sich zunächst deren Gegensatz, nämlich der Haß, ja der Todeswunsch gegen das Liebesobjekt entfalten können muß. »Erst wer hassen kann, kann lieben« könnten wir die dialektische Aussage variieren: wer nämlich hassen kann, ohne befürchten zu müssen, durch seinen Haß das Liebesobjekt zu vernichten.

Genau dies ist der nächste Veränderungsschritt im weiteren Analyseverlauf, den Herr P. zuerst wiederum im Medium der Träume ausarbeitet, im Traum aus der 168. Sitzung. In diesem Traum, der die mörderische Wut auf die Mutter zum Ausdruck bringt, läßt der Träumer die Freundin (Mutter) von einer riesigen Meute von Katzen angreifen, die sie grausam zerfleischen, was sie schließlich, dank der Hilfe eines Arztes, der deutlich als der Therapeut zu erkennen ist, dann doch überlebt. Während des Träumens in der Nacht vor der Sitzung erlebte Herr P. einen heftigen, körperlich spürbaren Schmerz und mußte weinen über die lebensbedrohlich verletzte Freundin und besonders beim Gedanken daran, daß er sie verlieren könnte. Jetzt wird gewissermaßen eine erste Trennung der Urelemente möglich, von Liebe und Haß, und konsequenterweise kann Herr P. »zum erstenmal«, wie er sagt, in seinem »Leben« eindeutige, klare Gefühle erleben. Diese Änderung des Erlebniszustands 5 (in Übersicht 6), zu Therapiebeginn gekennzeichnet durch emotionale Anästhesie, in Herrn P.s Worten durch »vollkommene Gleichgültigkeit«, unter der er lebenslang gelitten hat, diese strukturelle Veränderung erweist sich als stabil über den Analyseverlauf und den Zeitraum der Katamnese hinweg. In der Zeit nach Ende der Therapie kann er sich auch zum erstenmal verlieben und diese, wie er sagt, ihm bis dahin unbekannten großen Gefühle erleben. »Ich habe gemerkt, daß ich hassen darf, also kann ich lieben« – diesen Satz äußert Herr P. zwar nicht explizit. Er erfaßt jedoch die dialektische Struktur auch dieses Veränderungsschrittes, der ihn dem schon von Sigmund Freud gesetzten Behandlungsziel der Psychoanalyse näher bringt: liebes- und arbeitsfähig zu werden. Auf das **und** kommt es an. Es gibt nämlich Menschen, die nur arbeitsfähig, und andere, die nur liebesfähig sind. Jedes allein reicht nicht aus. Erst beide Fähigkeiten zusammen entsprechen dem idealen Behandlungsziel.

Ich hoffe, daß es mir gelungen ist, einen gewissen Einblick zu geben in jene geheimnisvollen, bisher wenig erforschten Prozesse, in denen Patienten ihren je eigenen Weg zur persönlichen Entwicklung und zur Überwindung ihrer traumatischen Erfahrungen finden. Und vielleicht ist es auch gelungen zu verdeutlichen, daß dieser Veränderungsweg nicht willkürlich oder ziellos verläuft, sondern eine verblüffende Stringenz aufweist, die sich nach einer Logik der dialektischen Stufenübergänge und der Transformation von Beziehungsschemata aufzeigen läßt. Diese Logik ist nicht deterministisch. Das Resultat ist in der Ausgangslage nicht schon vorgegeben wie bei einer mathematischen Gleichung. Vielmehr folgt die Entwicklung einer »offenen Dialektik« – ein terminologischer Vorschlag des Philosophen Bernhard Waldenfels, den ich hier aufgreifen möchte.

»Offene Dialektik«, was heißt das konkret für die Persönlichkeitsveränderung von Herrn P.? Es bedeutet nicht, daß der Veränderungsprozeß regellos verläuft.

Der Satz »Ich habe gemerkt, daß ich gehen kann, also kann ich bleiben«, ob ihn der Patient nun genau so oder ähnlich oder auch gar nicht explizit ausspricht, umreißt die aufgezeigte strukturelle

Logik der Konfliktlösung bei einem Patienten sehr genau, dessen zentraler Konflikt eine Nähe-Distanz-Problematik ist wie bei Herrn P. Ein solcher Abgrenzungskonflikt ist im übrigen für viele sogenannte »Borderline-Persönlichkeiten« kennzeichnend, eine strukturelle Persönlichkeitsstörung im Grenzbereich zwischen Neurose und Psychose. Der erste Satz und der andere: »Ich habe gemerkt, daß ich hassen kann, ohne zu zerstören – also kann ich lieben« bilden sozusagen die »Hardware« gelingender Veränderungsprozesse bei Patienten mit dieser Art von Beziehungskonflikt. Im Gegensatz zur strukturellen »Hardware« könnte man die an der Ausgestaltung des konkreten Inhalts der »Meta-Stufe« beteiligten Prozesse als die »Software« bezeichnen, eine »Software« allerdings, die zur Selbsterzeugung von Programmen fähig ist, was für Computer nicht gilt.

So stellt dann auch die Gestaltung der Meta-Stufe, der Inhalt der dialektischen Konfliktlösung, eine individuelle kreative Leistung dar, die der Therapeut nur erleichtern, dem Patienten aber niemals abnehmen kann. Eine optimale Regulierung von Nähe und Distanz z. B. muß jeder für sich selbst erfinden, und Partner müssen dies in jeder persönlichen Beziehung von neuem, um so mehr in einer Liebesbeziehung. Und vielleicht liegt im individuellen Inhalt der Meta-Stufe – dieser Erfindung – auch die deutlichste Entsprechung zur Kreativität in der Kunst. So ähnlich die Probleme sein mögen, die sich Künstlern der gleichen Epoche stellen, so unterschiedlich sind doch ihre Lösungen, ihre stilistischen Innovationen, die ihnen gestatten, ihre individuelle und soziale Lebensgeschichte sowie ihren ganz persönlichen Lösungsentwurf in ihrem Werk zum Ausdruck zu bringen.

Literaturverzeichnis

Adorno, Th. W. (1927): Der Begriff des Unbewußten in der transzendentalen Seelenlehre. GS 1 79–324. Suhrkamp, Frankfurt a. M. 1973

Basseches, M. (1980): Dialectical schemata. A Framework for the empirical study of the development of dialectical thinking. Hum. Dev., 23, 400–421

Bauriedl, T. (1980): Beziehungsanalyse – das dialektisch-emanzipatorische Prinzip der Psychoanalyse und seine Konsequenzen für die psychoanalytische Familientherapie. Suhrkamp, Frankfurt a. M.

Becker, D. (1989): Psychoanalytische Sozialarbeit mit Gefolterten in Chile. In: H. Becker und A. Leber (Hg.): Psychose und Extremtraumatisierung. Psychosozial 12, 43–52

Becker, H. (1988): Haben die Psychoanalytiker Haltung angenommen? Psyche 11, 1021–1025

Becker, M., H.-H. Gebhardt und **B. Wutka** (1979): Kritik der Verhaltenstherapie. Suhrkamp, Frankfurt a. M.

Becker-Fischer, M. und **Fischer, G.** (1996): Sexuelle Übergriffe in Psychotherapie und Psychiatrie. In: R. Hutterer-Krisch (Hg.), Fragen der Ethik in der Psychotherapie. Wien: Springer. 447–459.

Becker-Fischer, M. und **Fischer, G.** (1996): Sexueller Mißbrauch in der Psychotherapie – was tun? Orientierungshilfen für Therapeuten und interessierte Patienten. Heidelberg: Asanger.

Becker-Fischer, M. und **Fischer, G.** (1996): Le passage à l'acte sexuel en psychothérapie, psychiatrie et consultation psychologique. In: SOMATO, Nr. 30, Sept. 96, S. 24–27.

Bellak, L., und L. Small (1972): Kurzpsychotherapie und Notfallpsychotherapie. Suhrkamp, Frankfurt a. M.

Bianchi, R. (1980): Zur Dialektik in Freuds Bewußtseinsauffassung. Psyche 11, 977–996

Blum, H. P. (1979): The curative and creative aspects of insight. J. Am. PsA. Ass. 27, 41–70

Blum, H. P. (1983): The position and value of extratransference interpretation. J. Am. PsA. Ass. 31, 587–617

Brodthage, H., und **S. O. Hoffmann** (1981): Die Rezeption der Psychoanalyse in der Psychologie. In: J. Cremerius (Hg.), Die Rezeption der Psychoanalyse in der Soziologie, Psychologie und Theologie im deutschsprachigen Raum bis 1940, 135–254. Suhrkamp, Frankfurt a. M.

Bronfenbrenner, U. (1977): The ecology of human development in retrospect and prospect. In: H. McGurk (Hg.), Ecological Factors in Human Development, 275–286. North Holl. Publ. Comp., Amsterdam/New York/Oxford

Bubner, R. (1974): Dialektik und Wissenschaft. Suhrkamp, Frankfurt a. M.

Bühler, K. (1933): Die Axiomatik der Sprachwissenschaften. Klostermann, Frankfurt a. M. 1969

Bühler, K. (1934): Sprachtheorie. Gustav Fischer Verlag, Stuttgart 1965

Bungard, W. (Hg.) (1980): Die »gute« Versuchsperson denkt nicht. Artefakte in der Sozialpsychologie. Urban & Schwarzenberg, München

Cohler, B. J. (1980): Adult development psychology and reconstruction. In: S. Greenspan und G. Pollock (1981) (Hg.), The Course of Life, Bd. 3: Adulthood and the Aging Process, 149–200. Public Health Services, USA

Cohler, B. J. (1982): Personal narrative and life course. In: P. B. Baltes und O. G. Brim (Hg.), Life Span Development and Behavior, Bd. 4, 206–227. Academic Press, New York

Cremerius, J. (1978): Einige Überlegungen über die kritische Funktion des Durcharbeitens in der Geschichte der psychoanalytischen Technik. In: Vom Handwerk des Psychoanalytikers. Das Werkzeug der psychoanalytischen Technik, Bd. 1, 154–171. Frommann-Holzboog, Stuttgart 1984

Cremerius, J. (1981): Die Konstruktion der biographischen Wirklichkeit. In: Vom Handwerk des Psychoanalytikers, Bd. 2, 348–425. Frommann-Holzboog, Stuttgart 1984

Deleuze, G., und **F. Guattari** (1972): Anti-Oedipus. Suhrkamp, Frankfurt a. M. 1974

Dorpat, T. L. (1979): Is splitting a defence? Int. Rev. Psychoanal. 6, 105–113

Dührssen, A. (1981): Die biographische Anamnese unter tiefenpsychologischem Aspekt. Vandenhoeck & Ruprecht, Göttingen

Dührssen, A. (1984): Risikofaktoren für die neurotische Krankheitsentwicklung. Ein Beitrag zur psychoanalytischen Geneseforschung. Zs. f. Psychosom. Med. 39, 18–42

Edelson, M. (1984): Hypothesis and Evidence in Psychoanalysis. Univ. Press, Chicago

Eissler, K. R. (1953): The effects of the structure of the ego on psychoanalytic technique. J. Am. PsA. Ass. 1, 104–143

Eissler, K. R. (1958): Variationen in der psychoanalytischen Technik. Psyche 13/1960, 609–624

Federn, P. (1952): Ichpsychologie und die Psychosen. Suhrkamp, Frankfurt a. M. 1978

Feyerabend, P. (1976): Wider den Methodenzwang. Suhrkamp, Frankfurt a. M.

Fischer, G. (1981): Wechselseitigkeit. Interpersonelle und gegenständliche Orientierung in der sozialen Interaktion. Huber, Bern/Stuttgart/Wien

Fischer, G. (1983): Paradoxe Intervention und Einsicht. Zs. f. Psychother. med. Psychol. 33, 195–199

Fischer, G. (1986 a): Empirische Forschung zur Wirkung von Traumata bei Kindern und Jugendlichen. Psyche 2, 145–161

Fischer, G. (1986 b): Der dialektische Charakter psychoanalytischer Konzepte. Forum Psychoanal. 2, 20–27

Fischer, G. (1987): Libidinöse Objektkonstanz und soziale Wechselseitigkeit. Von der Objektkonstanz zur Beziehungskonstanz. Forum Psychoanal. 3, 300–313

Fischer, G. (1988): Methodologische Probleme und Dilemmata in der psychoanalytischen Forschung. In: H. Luft und G. Maass (Hg.), Psychoanalyse des Konflikts – Konflikte der Psychoanalyse. Der Kongreß, Hofheim/Wiesbaden, 159–173

Fischer, G. (1993): Arbeit und Liebe – zu Phänomenologie und Dialektik des psychoanalytischen Arbeitsbündnisses. In: W. Tress und S. Nagel (Hg.), Psychoanalyse und Philosophie: Eine Begegnung, 115–139. Asanger, Heidelberg

Fischer, G. (1996): Dialektik der Veränderung. Modell, Theorie und systematische Fallstudie. Heidelberg: Asanger (1. Aufl. 1989)

Fischer, G. (1998): Manual zum dialektischen Veränderungsmodell (im Druck)

Fischer, G., und **M. Fäh-Barwinski** (1998): Sinn und Unsinn in der Psychotherapieforschung. Psychosozial Verlag, Gießen

Fischer, G., und **A. Hoffmann** (1988): Testpsychologie in der ärztlichen Aus- und Weiterbildung. Eine Analyse von Lehrbüchern der Medizinischen Psychologie. Psyche 4, 253–260

Fischer, G., und **B. Klein** (1997): Psychotherapieforschung – Forschungsepochen, Zukunftsperspektiven und Umrisse eines dynamisch-behavioralen Verhaltens. In: Hildemann, K., Potthoff, P. (Hg.): Quo vadis, Psychotherapie? Hogrefe, Göttingen

Fischer, G., und **P. Riedesser** (1998): Lehrbuch der Psychotraumatologie. Ernst Reinhardt Verlag, utb, München

Fischer, G., und **B. Wurth** (1989): Handlungskausalität und zirkuläres Denken. Psyche 4, 668–675

Fisher, S., und **R. P. Greenberg** (1977): The Scientific Credibility of Freud's Theories and Therapy. Basic Books, Stanford Terrace, N. Y.

Frank, M. (1983): Was ist Neostrukturalismus? Suhrkamp, Frankfurt a. M.

Frankl, V. E. (1960): Paradoxial intention. Am. J. Psychother. 14, 520–525

Freud, S. (1905): Bruchstück einer Hysterie-Analyse. GW Bd. 5, 161–285

Freud, S. (1905): Drei Abhandlungen zur Sexualtheorie. GW Bd. 5, 27–145

Freud, S. (1913c): Die zukünftigen Chancen der psychoanalytischen Therapie. GW Bd. 8, 103–115

Freud, S. (1913?): Das Unbewußte. GW Bd. 10, 264–303

Freud, S. (1915): Triebe und Triebschicksale. GW Bd. 10, 209–232

Freud, S. (1916): Trauer und Melancholie. GW Bd. 10, 427–446

Freud, S. (1919): Wege der psychoanalytischen Therpaie. GW Bd. 12, 181–194

Freud, S. (1925): Die Verneinung. GW Bd. 14, 9–15

Freud, S. (1932): Neue Folge der Vorlesungen zur Einführung in die Psychoanalyse. GW Bd. 15, 1–197

Freud, S. (1937): Konstruktionen in der Analyse. GW Bd. 16, 1–56

Friedman, N. (1967): The social nature of psychological research. The Psychological Experiment as a Social Interaction. Basic Books, New York

Gaddini, E. (1984): Veränderungen bei psychoanalytischen Patienten bis heute. In: R. Wallerstein (Hg.), Veränderungen bei Analytikern und in der Analytikerausbildung. Schriftenreihe der Int. Psychoanal. Vereinigung, Bd. 4, 6–23

Gardner, H. (1985): The Mind's New Science. A History of the Cognitive Revolution. Basic Books, New York

Gill, M. (1982): Analysis of Transference. Int. Univ. Press, New York

Glover, E. (1945): Examination of the Klein system of child psychology. In: Psa. Study Child 1, 33–52

Goleman, D. (1995): Emotionale Intelligenz, dtv, München

Goldstein, M., und **J. Jones** (1977): Adolescent and familial precursors of borderline and schizophrenic conditions. In: P. Hartocollis (Hg.), Borderline Personality Disorders, 213–229. Int. Univ. Press, New York

Grünbaum, A. (1982): Logical foundations of psychoanalytic theory. In: W. Essler und H. Putnam (Hg.), Festschrift für Wolfgang Stegmüller. Reidel, Boston

Habermas, J. (1968): Erkenntnis und Interesse. Suhrkamp, Frankfurt a. M.

Habermas, J. (1973): Wahrheitstheorien. In: H. Fahrenbach (Hg.), Wirklichkeit und Reflexion, Walter Schulz zum 60. Geburtstag, 211–265. Neske, Pfullingen

Hegel, G. W. F. (1807): Phänomenologie des Geistes. Hg. von J. Hoffmeister. Meiner, Hamburg 1952

Heimann, P. (1950): Bemerkungen zur Gegenübertragung. Psyche 18/1960, 483–493

Hoffmann, S. O. (1979): Charakter und Neurose. Ansätze zu einer psychoanalytischen Charakterologie. Suhrkamp, Frankfurt a. M.

Hoffmann, S. O. (1985): Psychoanalyse im Spiegel. Zur Darstellung der Psychoanalyse durch das deutsche Nachrichtenmagazin. In: Forum Psychoanal. 1, 60–71

Horowitz, M. (1977): Cognitive and interactive aspects of splitting. Am. J. Psychiatry 5, 549–553

Horowitz, M. (1979): States of Mind. Plenum Med. Book Comp., New York

Horowitz, M., und **N. Zilberg** (1983): Regressive alterations of the self concept. Am. J. Psychiatry 140, 284–289

Jiménez, J. P. (1988): Die Wiederholung des Traumas in der Übertragung. Katharsis oder Durcharbeiten? Forum Psychoanal. 3, 186–203

Kavemann, B., und **J. Lohstöter** (1988): Väter als Täter. Sexuelle Gewalt gegen Mädchen. Rowohlt, Reinbek

Kernberg, O. F. (1975): Borderline-Störungen und pathologischer Narzißmus. Suhrkamp, Frankfurt a. M. 1978

Kernberg, P. (1980): The origins of the reconstructed in psychoanalysis. In: R. Lax et al. (Hg.), Rapprochement – the Critical Subphase of Separation – Individuation. Jason Aronson, New York

Kesselring, Th. (1981): Entwicklung und Widerspruch. Ein Vergleich zwischen Piagets genetischer Erkenntnistheorie und Hegels Dialektik. Suhrkamp, Frankfurt a. M.

Klein, B. (1995): Beziehungsstufen der Psychoanalyse – neuere Entwicklungslinien der psychoanalytischen Praxis. Vortrag am Institut für Psychoanalyse und Psychotherapie e. V., Düsseldorf, Oktober 1995 (Manuskript)

Klein, G. S. (1976): Psychoanalytic Theory. An Exploration of Essentials. Int. Univ. Press, New York

Kline, P. (1972): Fact and Fantasy in Freudian Theory. Methuen, New York/London 1981

Klosinski, G. (1981): Dimensionen des kindlichen Spiels und die Dimension Spiel in der Erwachsenenpsychotherapie. Zs. f. Psychother. med. Psychol. 31, 137–143

Klüver, J. (1979): Kommunikative Validierung. In: Th. Heinze (Hg.), Lebensweltanalyse von Fernstudenten. Theoretische und methodologische Überlegungen zum Typus hermeneutisch-lebensgeschichtlicher Forschung, Fernuniversität Hagen, 68–84

Koellreuter, A. (1987): Ist der Widerstand des Patienten der Widerstand des Therapeuten? Ulmer Textband, Ulm

Köhler-Weisker, A. (1978): Freuds Behandlungstechnik und die Technik der klientenzentrierten Gesprächs-Psychotherapie nach Rogers. Psyche 9, 827–847

König, W. H. (1981): Zur Neuformulierung der psychoanalytischen Metapsychologie: vom Energie-Modell zum Informationskonzept. In: W. Mertens (1981), Neue Perspektiven der Psychoanalyse, 83–129. Kohlhammer, Stuttgart

Kris, E. (1956): The personal myth. A problem in psychoanalytik technique. J. Am. PsA. Ass. 4, 653–681

Krisch, K. (1981): Paradoxe Intention, Dereflexion und die logotherapeutische Theorie der Neurosen: Eine kritische Betrachtung. Zs. f. Psychother. med. Psychol. 31, 162–165

Lacan, J. (1949): Das Spiegelstadium als Bildner der Ichfunktion. In: J. Lacan, Schriften Bd. 1, 61–70. Walter, Olten 1973

Lang, H. (1973): Die Sprache und das Unbewußte. Jacques Lacans Grundlegung der Psychoanalyse. Suhrkamp, Frankfurt a. M.

Langs, R. (1973): The Technique of Psychoanalytic Psychotherapy, Bd. 1 und 2. Jason Aronson, New York 1974

Lichtenberg, J. (1981): Implications for psychoanalytic theory of research on the neonate. Int. Rev. Psychoanal. 8, 35–52

Lichtenberg, J., M. Bornstein und **S. Silver** (1984): Empathy, Bd. 1. Lawrence Erlbaum Ass. Publishers, Hillsdale/New Jersey/London

Linden, M., und **M. Hautzinger** (1981): Psychotherapie-Manual. Sammlung therapeutischer Techniken und Einzelverfahren. Springer, Berlin/Heidelberg/New York

Lippe, R. zur (1975): Bürgerliche Subjektivität. Autonomie als Selbstzerstörung. Suhrkamp, Frankfurt a. M.

Loch, W. (1972): Übertragung – Gegenübertragung. Anmerkungen zur Theorie und Praxis. In: W. Loch (Hg.) (1972), Zur Theorie, Technik und Therapie der Psychoanalyse, 156–181. S. Fischer, Frankfurt a. M.

Loch, W. (1972): Zur Theorie, Technik und Krankheitslehre der Psychoanalyse. S. Fischer, Frankfurt a. M.

Loch, W. (1975): Der Analytiker als Gesetzgeber und Lehrer. In: W. Loch, Über Begriffe und Methoden der Psychoanalyse, 197–230. Huber, Bern/Stuttgart/Wien. Überarbeiteter Nachdruck von »Der Analytiker als Gesetzgeber und Lehrer. Legitime oder illegitime Rollen?«, Psyche 28/1974, 431–460

Loch, W. (1981): Kommunikation, Sprache, Übersetzung. Psyche 35, 977–998

Lorenzer, A. (1976): Zur Dialektik von Individuum und Gesellschaft. In: Th. Leithäuser und W. Heinz (Hg.), Produktion, Arbeit, Sozialisation, 13–47. Suhrkamp, Frankfurt a. M.

Löw-Beer, M., und **H. Thomä** (1988): Zum Verhältnis von Einsicht und Veränderung. Forum Psychoanal. 2, 85–102

Mahler, M. S. (1972): Symbiose und Individuation. Klett-Cotta, Stuttgart 1992

Masson, J. (1984): Was hat man dir, du armes Kind, getan? Sigmund Freuds Unterdrückung der Verführungstheorie. Rowohlt, Reinbek

Masterson, J., und **D. B. Rinsley** (1980): The borderline syndrome: The role of the mother in the genesis and psychic structure of the borderline personality.

In: R. Lax (Hg.), Rapprochement, the critical subphase of separation – individuation, 299–330. Jason Aronson, New York

Merleau-Ponty, M. (1945): Phänomenologie der Wahrnehmung. de Gruyter, Berlin 1965

Mertens, W. (1975): Sozialpsychologie des Experiments. Das Experiment als soziale Interaktion. Hoffmann und Campe, Hamburg

Mertens, W. (Hg.) (1981): Neue Perspektiven der Psychoanalysis. Kohlhammer, Stuttgart

Morgan, W. L., und **G. L. Engel** (1977): Der klinische Zugang zum Patienten. Huber, Bern/Stuttgart/Wien

Morgenthaler, F. (1978): Technik. Zur Dialektik der psychoanalytischen Praxis. Syndikat, Frankfurt a. M.

Orne, M. T. (1962): On the social psychology of the psychological experiment: With particular reference to demand characteristics and their implications. Am. Psychol. 17, 776–783

Petri, H. (1989): Erziehungsgewalt. Zum Verhältnis von persönlicher und gesellschaftlicher Gewaltausübung in der Erziehung. Fischer Taschenbuch Verlag, Frankfurt a. M.

Piaget, J. (1959): Nachahmung, Spiel und Traum. Stuttgart 1969

Piaget, J. (1975): Problems of equilibration. In: H. E. Gruber und J. J. Voneche: The Essential Piaget. Basic Books, New York 1977

Popper, K. R. (1963): Logik der Forschung. Mohr, Tübingen

Ricœur, P. (1965): Die Interpretation. Ein Versuch über Freud. Suhrkamp, Frankfurt a. M. 1969

Ricœur, P. (1972): Der Text als Modell: Hermeneutisches Verstehen. In: W. Bühl (Hg.), Verstehende Soziologie, 225–283. Nymphenburger Verlagsanstalt, München

Ricœur, P. (1977): The question of proof in Freud's psychoanalytic writings. J. Am. PsA. Ass. 25, 835–871

Riegel, K. (1976): The dialectics of human development. Am. Psychol. 10, 689–700

Riegel, K. (1978): Zur Ontogenese dialektischer Operationen. Suhrkamp, Frankfurt a. M.

Sandler, J., und **A. Sandler** (1984): Vergangenheits-Unbewußtes, Gegenwarts-Unbewußtes und die Deutung der Übertragung. Psyche 9/1985, 800–829

Sartre, J.-P. (1960): Kritik der dialektischen Vernunft. Rowohlt, Reinbek 1967

Schafer, R. (1982): The relevance of the »here and now« transference interpretation to the reconstruction of early development. Int. PsA. 63, 77–82

Schlessinger, N., und **F. P. Robbins** (1983): A development view of the psychoanalytic process: follow-up studies and their consequences. Int. Univ. Press, New York

Schraml, W. J. (1963): Das dialektische Denken in der Psychoanalyse. In: H. Hiltmann und F. Vonessen (Hg.), Dialektik und Dynamik der Person. Festschrift für Robert Heiss zum 60. Geburtstag, 121–132. Kiepenheuer & Witsch, Köln

Schraml, W. J. (1964): Die Psychoanalyse und der menschliche Lebenslauf. Psyche 19, 250–268

Searles, H. (1959): Das Bestreben, den anderen verrückt zu machen – ein Element in der Ätiologie und Psychotherapie der Schizophrenie. In: G. Bateson (Hg.), Schizophrenie und Familie, 128–167. Suhrkamp, Frankfurt a. M. 1969

Selvini Palazzoli, M. L. Boscolo, G. Cecchin und **G. Prata** (1975): Paradoxon und Gegenparadoxon. Klett, Stuttgart 1977

Spence, D. (1982): Narrative truth and historical truth. Norton, New York

Stern, D. (1985): The interpersonal world of the infant. Guiltford Press, New York

Strenger, C. (1991): Between hermeneutics and science. An essay on the epistemology of psychoanalysis. Int. Univ. Press, Madison

Strupp, H., S. Hadley und **B. Gomes-Schwarz** (1977): Psychotherapy for better or worse. Jason Aronson, New York

Sylvester, D. (1992): Magritte. Wiese Verlag, Basel

Terhart, E. (1981): Intuition – Interpretation – Argumentation. Zum Problem der Geltungsbegründung von Interpretationen. Zs. Pädag. 27, 769–793

Theweleit, K. (1978): Männerphantasien, Bd. 1 u. 2. Roter Stern, Frankfurt a. M.

Thomä, H., und **H. Kächele** (1985): Lehrbuch der psychoanalytischen Therapie. Bd. 1: Grundlagen. Springer, Berlin/Heidelberg/New York/Toronto

Toulmin, S. (1961): Voraussicht und Verstehen. Ein Versuch über die Ziele der Wissenschaft. Suhrkamp, Frankfurt a. M. 1968

Wahl, D. (1982): Handlungsvalidierung. In: G. Huber und H. Mandl (Hg.), Verbale Daten. Eine Einführung über die Grundlagen und Methoden der Erhebung und Auswertung, 259–274. Beltz, Weinheim

Wakefield, J. C. (1992): Freud and Cognitive Psychology: The conceptual Interface. In: J. W. Barron, M. N. Eagle und D. L. Wolitzky (Hg.), Interface of Psychoanalysis and Psychology, 77–98. American Psychological Association, Washington

Waldenfels, B. (1980): Der Spielraum des Verhaltens. Suhrkamp, Frankfurt a. M.

Watzlawick, P. (1988): Die Möglichkeit des Andersseins. Huber, Bern/Stuttgart/Wien

Watzlawick, P., J. H. Beavin und **D. D. Jackson** (1967): Menschliche Kommunikation. Huber, Bern 1971

Watzlawick, P., J. H. Weakland und **R. Fisch** (1974): Lösungen. Huber, Bern/Stuttgart/Wien

Weiss, J., und **J. Sampson** (1986): The Psychoanalytic Process. Guilford Press, New York

Whitehead, A. N., und **B. Russel** (1940): Principia Mathematica. Suhrkamp, Frankfurt a. M. 1986

Williams, M. (1987): Die Rekonstruktion einer frühen Verführung. Psyche 11/1988, 945–960

Winnicott, D. W. (1959): Die Fähigkeit zum Alleinsein. In: Reifungsprozesse und fördernde Umwelt, 36–46. Fischer Taschenbuch Verlag, Frankfurt a. M. 1984

Winnicott, D. W. (1969): Objektverwendung und Identifizierung. In: Vom Spiel zur Kreativität, 101–110. Klett-Cotta, Stuttgart 1985

Wyatt, F. (1963): The reconstruction of the individual and collective past. In: R. White (Hg.), The study of lives, 304–320. Atherton, New York

Zizek, S. (1992): Der erhabenste aller Hysteriker. Psychoanalyse und die Philosophie des deutschen Idealismus. Turia & Kant, Wien/Berlin

Quellenverzeichnis

Paradoxe Intervention und Einsicht. Zeitschrift für Psychotherapie, Psychosomatik und Medizinische Psychologie. G. Fischer, (1983), 195–199
Der dialektische Charakter psychoanalytischer Konzepte. Forum der Psychoanalyse. G. Fischer, (1986), 20–27
Dialektik der Veränderung in Psychoanalyse und Psychotherapie. Modell, Theorie und systematische Fallstudie. Asanger Verlag, Heidelberg. G. Fischer (1996), 222–223
Die Fähigkeit zur Objektspaltung. Ein therapeutischer Veränderungsschritt bei Patienten mit Realtraumatisierung. Forum der Psychoanalyse. G. Fischer (1990), 199–212

Heinrich Deserno

Die Analyse und das Arbeitsbündnis

Kritik eines Konzepts

Band 12131

Gegenstand der Kritik des Autors ist das für die psychoanalytische Arbeit grundlegende Konzept des Arbeitsbündnisses von Greenson, das die rationale Arbeit mit dem Patienten erst ermöglichen soll. Der Autor argumentiert nicht nur, daß dieses Konzept die Beteiligung des Analytikers an der Gestaltung des Übertragungsprozesses leugne, sondern zeigt außerdem, daß ein solcher Bereich »außerhalb« der Übertragungssituation zum Einfallstor unhinterfragter gesellschaftlicher, an Arbeits- und Leistungsbegriffen orientierter Konventionen werden kann. Eine unreflektierte Orientierung am Konzept des Arbeitsbündnisses verbindet sich folglich mit einer Tendenz zur Unterminierung des kritischen Potentials der Psychoanalyse. Der Autor sieht in Greensons Konzept einen Kompromiß, der technische Rigidität abschwächen sollte, ohne indes die dominierende ich-psychologische Orientierung einer Kritik zu unterziehen. Der Geltungsbereich des Arbeitsbündniskonzepts ist nach Meinung des Autors auf die Arbeit des Analytikers einzuschränken: »Der Analytiker schließt mit niemand anderem als sich selbst das Arbeitsbündnis.«

Fischer Taschenbuch Verlag

Merton M. Gill

Die Übertragungsanalyse

Theorie und Technik

Aus dem Amerikanischen von Elisabeth Vorspohl

Band 12528

Der amerikanische Psychiater und Psychoanalytiker Gill hat die allgemein geteilte Auffassung, daß die Übertragung im Mittelpunkt der psychoanalytischen Behandlung steht, detailliert ausgearbeitet. Der Bezugspunkt seiner Darstellung ist das Verhältnis von Übertragung und Widerstand. Damit schließt er zum einen an Freuds Auffassung an, nach der Übertragung immer auch Widerstand ist, und geht zum anderen über Freuds Widerstand gegen das Erinnern hinaus. Gill unterscheidet den Widerstand gegen die Wahrnehmung der Übertragung von einem Widerstand gegen die Auflösung der Übertragung. Dadurch gewinnt das vielzitierte »Durcharbeiten« einen präzisen Sinn. Die Übertragung entfaltet sich nicht »naturwüchsig«, sondern in »Kooperation« mit dem Analytiker. Dieser Standpunkt ist auch für die Auflösung der Übertragung von großer Hilfe.

Fischer Taschenbuch Verlag

fi 533 / 7

Marga Kreckel

Macht der Väter – Krankheit der Söhne

Band 13305

Psychisch kranke Söhne sind nicht nur Söhne ihrer Mütter. Sie sind vor allem auch als Söhne ihrer Väter zu verstehen. Dennoch wissen wir wenig über die Väter. Wenn über sie nachgedacht wird, ist dies meist mit der Klage um ihre Abwesenheit verbunden. Es ist – nach Ansicht der Autorin – eine beachtliche »Kulturleistung«, die Väter durch wissenschaftliche Nichtbeachtung und den Hinweis auf ihre häufige Abwesenheit fast vollkommen zu ignorieren, sobald es um die Klärung pathogener Entwicklungen bei ihren Söhnen geht. Aber in der Kultur des Vaterrechts scheint der Vater ein Tabu zu sein. Die Autorin hat im Verlauf ihrer langjährigen Erfahrung als Psychotherapeutin reichhaltiges Material über das Verhältnis psychisch erkrankter Söhne zu ihren Vätern gesammelt, das in diesem Buch anschaulich dargestellt und analysiert wird. In zahlreichen Fallbeispielen wird der tiefgreifende, oft entwicklungshemmende Einfluß der Väter auf ihre Söhne sichtbar gemacht. Neben diesem Schwerpunkt wird zudem auf die konfliktträchtige Phase der Adoleszenz und auf die psychotherapeutische Behandlung schizophrener Patienten ausführlich eingegangen.

Fischer Taschenbuch Verlag

Johannes Reichmayr

Spurensuche in der Geschichte der Psychoanalyse

Mit einem Vorwort von Paul Parin

Band 11727

Man verstehe die Psychoanalyse immer noch am besten, wenn man ihre Entstehung und Entwicklung verfolge, meinte Sigmund Freud (1923). »Johannes Reichmayr beruft sich mit Recht auf diesen Satz, wenn er seine historischen Arbeiten als Beitrag zum Verständnis der Psychoanalyse vorlegt; ich möchte hinzufügen, als ›unerläßlichen Beitrag‹...Die Arbeiten Reichmayrs sind wichtig; sie leiten einen Erkenntnisprozeß ein. Erst danach wird sich die Frage beantworten lassen, welche äußeren Verhältnisse die Psychoanalyse braucht und welche innere Wandlung nötig wäre. Ich meine, daß der psychoanalytische Kampf gegen Verblendung und Illusion weitergehen wird, wenn wir jene Illusionen durchschauen und aufgeben, die uns die Verhältnisse aufgezwungen haben« (Paul Parin). Der Autor beschäftigt sich mit der Entwicklung und Ausbreitung der Psychoanalyse, mit den Entwicklungstendenzen in der Zwischenkriegszeit, mit der Psychoanalyse im Nationalsozialismus und im Austrofaschismus, mit der Vertreibung der Psychoanalyse und ihrer Neubelebung nach 1945.

Fischer Taschenbuch Verlag

Robert D. Stolorow / Bernard Brandchaft /
George E. Atwood

Psychoanalytische Behandlung
Ein intersubjektiver Ansatz

Aus dem Amerikanischen von Wolfgang F. Ross

Band 12565

In mehrjähriger Zusammenarbeit haben die Autoren das Konzept eines intersubjektiven Feldes als zentrales Erklärungsmo-
dell für Theorie, Praxis und Forschung der Psychoanalyse entwickelt. Dieses intersubjektive Feld, geschaffen durch das Zusammenspiel der subjektiven Welt von Therapeut und Patient,
ist Gegenstand dieses Buches. Die Vorstellung eines Systems
unterschiedlich organisierter, interagierender Subjektwelten vermag die Probleme psychoanalytischer Behandlung und den Prozeß der psychischen Entwicklung des Menschen auf besonders
eindrucksvolle Weise zu beleuchten. Die Autoren behaupten
nicht mehr und nicht weniger, als daß klinische Phänomene sich
psychoanalytisch nicht verstehen lassen ohne Berücksichtigung
des intersubjektiven Kontextes, in dem sie entstehen und sich
auflösen. Die Autoren weisen anhand eines reichhaltigen klinischen Materials nach, daß die intersubjektive Perspektive sowohl
die Fähigkeit des Therapeuten zur empathischen Arbeit mit dem
Patienten wie auch die Effektivität der Behandlung signifikant
zu stärken vermag.

Fischer Taschenbuch Verlag

Salman Akhtar, Selma Kramer und
Henri Parens (Hg.)

Die innere Mutter

Zur theoretischen und klinischen Bedeutung
der Objektkonstanz

Band 12884

Auf einem internationalen Symposium, das 1993 in Köln stattfand, diskutierten renommierte amerikanische und deutsche
Psychoanalytiker Margaret Mahlers Konzept der »Objektkonstanz«. Was bedeutet Objektkonstanz? Welche Entwicklungsschritte sind Voraussetzung für ihren Erwerb? Wie stellt sich
der Zusammenhang zwischen Objekt- und Selbstkonstanz dar,
und welche Implikationen besitzt das Konzept für die psychotherapeutische und psychoanalytische Technik und Diagnostik? Diese Fragen werden vor dem Hintergrund verschiedener theoretischer Richtungen debattiert. Eindrückliche Fallbeispiele illustrieren die klinische Anwendbarkeit des Konzepts in
der Behandlung von Kindern wie auch erwachsenen Patienten.

Fischer Taschenbuch Verlag

fi 3305 / 2